SOS in der Küche

Was tun, wenn's anbrennt?

Und andere überlebenswichtige Tipps
beim Kochen & Backen

Inhaltsverzeichnis

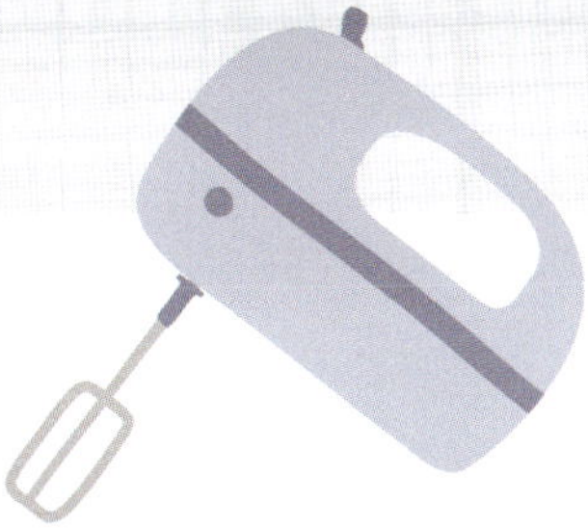

Normalerweise gelingt Ihnen die Sauce immer, die Knödel glänzen goldgelb perfekt, das Gemüse ist schön knackig und alle loben Ihren göttlichen Braten? Normalerweise!

Doch leider ist das nicht immer so, denn es gibt sie: die Bad-Hair-Days der Küche! Tage, an denen wirklich alles schiefgeht. Und die sehen dann eher so aus: Die Sauce ist versalzen, die Knödel zerfallen, das Gemüse verkocht und das Fleisch wird trocken und zäh.

Was beim Kochen schiefgeht, wird beim Backen nicht besser und auch der Süßspeisenhimmel hängt an solchen Tagen nicht voller Geigen: Kaum hat man mal nicht aufgepasst, ist der Kuchen verbrannt, wird die Sahne nicht steif, die Creme nicht fest und die Marmelade geliert nicht.

Man selbst ist dann nicht nur gestresst und enttäuscht, sondern schlimmstenfalls panisch, wenn etwa der Besuch schon fast auf der Matte steht.

Wie leicht in der Küche etwas schief gehen kann, haben wir alle schon einmal erlebt. Doch besteht die einzige Lösung wirklich darin, mit hängenden Ohren das nächste Restaurant aufzusuchen oder den Lieferdienst zu bestellen?

Wir empfehlen: Erst einmal tief durchatmen! Und dann einfach nachlesen, was man retten kann, wo es sich lohnt, umzuschwenken und wie man aus der Not vielleicht sogar noch eine Tugend macht.

Getrennt in einen großen Koch- und Backbereich, erfahren Sie in diesem Buch, wie Sie scheinbar verlorene Gerichte doch noch retten können.

Wir haben hier die häufigsten Missgeschicke beim Kochen, Backen und bei der Süßspeisenherstellung zusammengestellt.

Zum einen decken wir die Ursachen für die Pannen auf, sodass im Wiederholungsfall eben jene von vornherein vermieden werden können, zum anderen zeigen wir aber auch Lösungen, wie Pannen behoben oder zumindest kaschiert werden können.

Natürlich ist das nicht in allen Fällen möglich – doch das sind eher die Ausnahmen. Viel häufiger ist Rettung nah – und damit die Mühe der Zubereitung nicht umsonst gewesen. Außerdem wird zu den wichtigsten Themen eine Anleitung fürs perfekte Gelingen geliefert und zahlreiche Tipps & Tricks, die Ihnen das Kochen und Backen in der Zukunft erleichtern werden, runden das jeweilige Kapitel ab.

Wegweiser

Damit Sie sich gut und leicht zurechtfinden – denn das, was wir in solchen Situationen am wenigsten haben ist Zeit für langwieriges Suchen – folgen nun Hinweise zum schnellen Gebrauch:

Der erste große Teil des Buches widmet sich dem Thema Kochen, der zweite Teil dem Thema Backen und Süßspeisen. Beide sind nach Lebensmittelgruppen und wichtigsten Zubereitungsarten sortiert. So finden Sie im Kochbereich neben Lebensmittelgruppen wie Fleisch oder Gemüse auch das Kapitel Suppen und Eintöpfe. Im Süßbereich analog hierzu neben Kapiteln wie Obst oder Schokolade auch beispielsweise ein Kapitel zum Hefeteig, eines zum Mürbeteig und eines zu Marmelade und Gelee. Die einzelnen Kapitel sind allesamt gleich aufgebaut, auffällige Symbole dienen als Wegweiser, damit Sie schnell und zügig dort sind, wo Sie sein wollen:

Unter diesem Punkt werden die häufigsten Pannen genannt. Und wahrscheinlich ist auch Ihre dabei.

In der Reihenfolge der genannten Pannen finden Sie hier die passende Sofortmaßnahme – sofern möglich.

Unter diesem Punkt finden Sie die perfekte Zubereitung wichtiger Gerichte. Schritt für Schritt erklärt, leicht verständlich und mit den richtigen Hinweisen versehen, kann mit dieser Anleitung in Zukunft eigentlich nichts mehr schiefgehen. Je nach Relevanz der Grundzutat kann der Kochtopf auch häufiger in einem Kapitel auftauchen.

Hier finden Sie alle weiteren wichtigen Infos und Tipps zu den jeweiligen Rubriken. Sei es der Reifetest bei vielen Früchten, die richtige Lagerung von Kräutern oder die Beantwortung der Frage, warum der Einsatz von Gelatine in einem Sorbet tatsächlich sinnvoll sein kann.

Doch dieses Buch soll nicht nur Helfer in Notfallsituationen sei: Die schöne Gestaltung und der anschauliche Text laden zum Schmökern ein und helfen dabei, sich ein umfangreiches Wissen zur Küchenpraxis anzueignen, an heiklen Punkten besonders aufmerksam zu sein, Pannen zu umschiffen und sich in Zukunft mit noch mehr Selbstbewusstsein ans Kochen, Backen und die Schaumschlägerei zu wagen.

Ein paar Anmerkungen zum Schluss: Wir können natürlich keine Gewähr dafür übernehmen, dass jede Pannenhilfe in jedem besonderen Fall auch zum gewünschten Erfolg führt – denn wie so oft, hängt es auch bei Rettungsversuchen in der Küche vom Schweregrad der Panne ab. Konkret gesprochen heißt das: Ist die Suppe zu sehr versalzen, das Gemüse kohlrabenschwarz oder die Mayonnaise zu sehr geronnen, so kann keine Pannenhilfe der Welt mehr funktionieren.

Außerdem versteht sich dieses Buch nicht als Koch- oder Backschule. Wir liefern keine Rezepte mit exakten Zutatenangaben, sondern Tipps, Tricks und Schritt-für-Schritt-Anleitungen, die Ihr Augenmerk bei der Zubereitung schärfen und damit zu tollen Ergebnissen führen.

Doch nun: Ran an die Töpfe – die Gäste stehen ja schon fast vor der Tür.

Viel Erfolg in der Küche, viel Spaß beim Kochen, Backen, Schlemmen und Genießen!

Kochen

Salate & Dressings

Dressings

ACHTUNG

Das kann schiefgehen!

1. Das Dressing schmeckt fad
2. Der Essig ist ausgerutscht
3. Das Dressing ist zu salzig
4. Das Dressing ist zu scharf
5. Der Salat fällt in sich zusammen
6. Das Dressing ist zu süß
7. Das Dressing verbindet sich nicht optimal
8. Das Dressing gerinnt

SOS Pannen Hilfe

1. Das Dressing schmeckt fad

Schmeckt das Dressing nach nichts, muss man für geschmackliche Spitzen sorgen. Das funktioniert sehr gut mit 1 Spritzer Zitronensaft, etwas frisch hineingeriebenem Meerrettich oder einem Hauch angerührter Wasabipaste. Doch Achtung: Hier ist weniger oft mehr. Nachwürzen geht immer leichter, als zu viel Würze wieder zurückzunehmen!

2. Der Essig ist ausgerutscht

Ist das Dressing zu sauer – ob wegen Essig oder wegen Zitronensaft – gibt es mehrere Möglichkeiten der Rettung:

- Die Menge der anderen Zutaten des Dressings wird erhöht, sodass am Ende wieder eine geschmackliche Balance herrscht. Allerdings haben Sie nun mehr Dressing als vorgesehen. Da sich eine klassische Vinaigrette im Kühlschrank jedoch ohne Probleme mehrere Tage hält, dürfte das kein Problem sein – im Gegenteil! Einmal angerührt, muss sie nur noch mal kräftig aufgeschüttelt werden: Fertig ist das Dressing!
- Saures wird durch Süßes abgemildert. Sie können versuchen, Ihr Dressing durch etwas Saft, Sirup, Honig, Agavendicksaft oder einfach 1 Prise Zucker zu retten.
- Milchprodukte neutralisieren (fast) immer: Mixen Sie so viel saure Sahne, Buttermilch, Sahne oder Crème fraîche unter das Dressing, bis sich die Säurespitzen geglättet haben.

3. Das Dressing ist zu salzig

Ist das Dressing zu salzig, so kann es ebenfalls durch Milchprodukte gerettet werden. Auch hier helfen untergemixte Buttermilch, saure Sahne, Sahne, Joghurt oder Crème fraîche. Auch kann das Dressing verdünnt werden, z. B. durch salzlosen Fond oder einen Fruchtsaft. Doch beachten Sie: Je nach Salat kann das Dressing auch viel Salz vertragen. Pur gekostet, sollte es sogar eher immer ein wenig zu salzig schmecken, damit danach in Kombination mit dem Salat die Würze optimal ist.

4. Das Dressing ist zu scharf

Ist das Dressing zu scharf, helfen auch hier die oben genannten Milchprodukte. Nicht umsonst rät man Menschen, die „aus Versehen" in eine Chilischote gebissen haben, viel Milch zu trinken. Wasser dagegen verschlimmert die Schärfe – deshalb ist auch ein Verlängern des Dressings durch Saft oder Fond in diesem Fall nahezu wirkungslos.

5. Der Salat fällt in sich zusammen

Haben Sie das Dressing zu früh über den Blattsalat gegeben, kann er in sich zusammenfallen. Dann ist auch leider nichts mehr zu retten. Lesen Sie hierzu bitte weiter unter *Tipps & Tricks*.

6. Das Dressing ist zu süß

Ist das Dressing zu süß, können Salz und Säure helfen. Versuchen Sie durch etwas Zitronensaft oder Essig ein Gegengewicht herzustellen. Alternativ können Sie auch die Hälfte des Dressings entsorgen und die andere Hälfte erneut mit Essig, Öl, Salz, Pfeffer und Kräutern zusammenrühren.

7. Das Dressing verbindet sich nicht optimal

Dressing, das sich nicht optimal verbunden hat, sieht einfach nicht gut aus. Doch Abhilfe ist hier leicht, denn es gibt ja den Pürierstab. Füllen Sie einfach das Dressing in ein Püriergefäß und mixen Sie alles homogen und schaumig. Falls Sie feste Bestandteile wie Zwiebelstückchen oder Kräuter nicht mitpürieren möchten, passieren Sie das Dressing vorher durch ein Sieb und geben die aufgefangenen Kräuter und Gewürze nach dem Pürieren wieder in das Dressing hinein.

8. Das Dressing gerinnt

Ein geronnenes Dressing betrifft fast ausschließlich Dressings auf Mayonnaise-Basis. Hier ist zu schnell oder zu viel Öl in das Eigelb gegossen worden, sodass dieses nicht mehr ausreichend binden konnte, oder die einzelnen Bestandteile hatten nicht alle Zimmertemperatur. Offen gesprochen: Die Rettung ist schwierig. Wer es aber versuchen möchte, hat zwei Möglichkeiten:

Entweder wird mit 1 Eigelb und wenig Öl eine neue Emulsion püriert und dann esslöffelweise die geronnene Mayonnaise daruntergequirlt, oder aber die Mayonnaise wird im heißen Wasserbad langsam erwärmt und dabei ständig gequirlt. Doch ist hier Vorsicht geboten: Die Masse darf auf keinen Fall zu heiß werden, sonst gerinnt das Ei und die Mayonnaise ist endgültig verloren. Statt des normalen Haushaltsquirls lohnt es sich bei der Herstellung von Mayonnaise, mit dem Pürierstab zu arbeiten.

- **Strecken Sie die** Salatsauce nie mit Wasser und nehmen Sie nicht so viel Dressing, dass die Blätter darin schwimmen, sonst wird der Eigengeschmack des Salates komplett überlagert.

So gelingt's perfekt!

Essig- und Öl-Dressings

Als Faustregel gilt: 1 Teil Essig auf 3 Teile Öl, d. h. zum Beispiel 1 Esslöffel Essig wird mit 3 Esslöffeln Öl verquirlt. Zuvor wird allerdings der Essig mindestens mit Salz und Pfeffer gewürzt. Die Gewürze kommen deswegen zuerst in den Essig, weil sich das Salz dann besser auflösen kann. Im nächsten Schritt wird dann das Öl mit einer Gabel oder einem Schneebesen untergeschlagen.

Dieses Grunddressing ist nahezu unbegrenzt variabel. Neben den üblichen Zutaten wie fein gehacktem Knoblauch, einer fein gehackten Schalotte oder in Röllchen geschnittenen Frühlingszwiebeln können auch alle frischen Kräuter in das Dressing eingerührt werden, so zum Beispiel Basilikum, Schnittlauch, Estragon, Petersilie, Bärlauch, Koriander oder Oregano. Daneben können verschiedene Würzsaucen wie Sojasauce, Chilisauce oder auch Piri-Piri untergequirlt werden. **Doch Achtung:** Manche dieser Saucen sind sehr salzig, sodass die zuvor untergerührte Salzmenge geringer ausfallen sollte. Besonders sämig wird Dressing, wenn etwas Senf untergequirlt wird.

Falls sich der Senf nicht optimal mit den anderen Zutaten verbindet, wurde nicht ausreichend gequirlt. Hier lässt sich mit dem Pürierstab, dem Schneebesen oder dem Quirl Abhilfe schaffen.

Was passt sonst noch?

- Etwas Süßes rundet ein Dressing ab und macht es weicher. Doch süß ist nicht gleich süß. Mit Zucker, Sirup, Honig, Agavendicksaft oder Balsamico-Creme lassen sich sehr unterschiedliche geschmackliche Akzente setzen, die je nach Salat das Tüpfelchen auf dem i bilden können.

- Eher unübliche Salatgewürze wie geriebener Ingwer, geriebener Meerrettich oder auch Wasabipulver, Kreuzkümmel, Zimt, gemahlener Koriander oder 1 Prise Currypulver können überraschend reizvoll sein. Behutsam dosiert, können Sie damit eigentlich nichts falsch machen.

- Zu zarten Blättern können goldgelb angeröstete Nüsse und Kerne (wie zum Beispiel Sonnenblumenkerne, Kürbiskerne, Pinienkerne oder gehackte Walnüsse), kross ausgelassene Speckwürfel oder goldgelb angebratene Croûtons genau den „Crunch" liefern, der dem Salat das gewisse Etwas verleiht. Zudem lässt sich eine langweilige Optik damit geschickt verschönern.

1. Weißbrot vom Vortag in 1 cm große Würfel schneiden.

2. Butter in einer Pfanne erhitzen. Weißbrotwürfel darin unter Wenden von allen Seiten goldbraun rösten.

3. Auf Küchenpapier abtropfen lassen.

Wenn Sie sich an folgende Tipps halten, gelingt Ihnen Ihre Mayonnaise. Garantiert!

Mayonnaise-Dressings

1. Das Ei muss nicht nur ganz frisch, sondern auch zimmerwarm sein. Öl und Eigelb müssen nämlich, damit sie sich leicht verbinden, dieselbe Temperatur haben. Genauso verhält es sich mit dem Senf. Auch er sollte rechtzeitig aus dem Kühlschrank geholt werden.

2. Für das Mengenverhältnis gilt: 1 Eigelb und ½ Esslöffel Essig oder Zitronensaft auf 125 ml Öl. Danach wird die Mayonnaise mit Salz, Pfeffer, Cayennepfeffer, Knoblauch, Senf, Kräutern, Zitronenschale oder -saft und nach Belieben 1 Prise Zucker verfeinert.

Und so geht's:

- Das Eigelb mit wenig Essig oder Zitronensaft ca. 3 Minuten schaumig quirlen.
- Dann erst tropfenweise, anschließend in ganz dünnem Strahl das Öl hinzugeben. Weiteres Öl sollte immer erst dann zur Eigelbmasse gegossen werden, wenn sich das vorherige Öl vollständig und für mindestens 30 Sekunden mit der Masse verbunden hat. Dieser letzte Punkt ist das A und O – wer es eilig hat, riskiert, dass die Mischung gerinnt.
- Ist das Öl eingearbeitet, kann die Masse nach Belieben aromatisiert oder auch mit Joghurt verdünnt werden. Letzteres sollte ebenfalls nur langsam und nach und nach geschehen. Auch sollte der Joghurt rechtzeitig aus dem Kühlschrank genommen werden. Hat auch er Zimmertemperatur, verbinden sich die verschiedenen Komponenten viel schneller und leichter.

Weitere Tipps & Tricks

- **Leichter wird das** Dressing, wenn Sie einen Teil des Öls durch Saft oder Brühe ersetzen. Auch wird durch den Einsatz vieler frischer Kräuter der Salat geschmacklich so aufgewertet, dass der Geschmacksträger Öl deutlich reduziert werden kann. Bei Sahnedressings können Sie einen Teil der Sahne auch mal durch Buttermilch ersetzen oder Kochsahne verwenden, die nur halb so viel Fett wie herkömmliche Sahne enthält – 15 % statt 30 %. So umschiffen Sie die Fettfallen, die ein Dressing nur allzu gerne bereithält, ohne geschmackliche Einbußen hinnehmen zu müssen.

- **Welches Dressing zu welchem Blattsalat?** Als Faustregel gilt: Je mehr Eigengeschmack der Salat hat, desto kräftiger kann das Dressing ausfallen. Konkret heißt das: Rucola, Radicchio, Chicorée, Frisée oder Endivie schmecken besser als ein zarter Kopfsalat, Lollo bianco oder rosso mit kräftigen, ausdrucksstarken Dressings, die aufgrund der Bitterstoffe der Salatsorten immer auch süße oder fruchtige Anteile aufweisen sollten. Und da das Auge bekanntlich immer mitisst: Sobald Sie ein Dressing mit Milchprodukten zubereiten, sollten Sie statt eines Aceto balsamico besser einen Aceto balsamico bianco verwenden. Sieht einfach besser aus als eine milchig-braune Sauce.

- **Gießen Sie das** Dressing erst kurz vor dem Servieren über Blattsalate. Durch das enthaltene Salz wird den Blättern ansonsten Wasser entzogen und sie fallen in sich zusammen, werden weich und kraftlos. Bei Sattmachersalaten wie Kartoffelsalaten, Salaten mit Hülsenfrüchten, Nudeln oder Reis kann es allerdings gerade richtig sein, das Dressing bereits 30 Minuten vor dem Verzehr mit dem Salat zu vermengen, damit die Würze gut eindringen kann und das Ergebnis geschmacklich rund wird.

Salate - Tipps & Tricks rund um Blattsalate

1. Der Salat ist welk

Das Dressing ist zubereitet, der Salat muss nur noch geputzt werden. Doch leider sieht er schon ziemlich mitgenommen aus. So wird aus welkem Blattwerk wieder leckeres Grünzeug: Putzen Sie den Salat und legen Sie die Blätter für 10 Minuten in kaltes Wasser. Oftmals reicht diese Kur aus, um das Grün wieder knackig zu machen. Je nach Salatsorte (zum Beispiel Kopfsalat) kann es auch helfen, etwas Zucker in das Wasser zu geben. Anschließend sollte der Salat allerdings nochmals gut abgespült werden, damit er später nicht süßlich schmeckt.

2. So bleibt Salat im Kühlschrank länger frisch

Wickeln Sie den Salat in etwas angefeuchtete Küchenrolle und legen Sie ihn ins Gemüsefach des Kühlschranks. Vielleicht ist Ihnen ja schon mal aufgefallen, dass auch Supermärkte ihre Salate immer mal wieder mit kaltem Wasser besprenkeln, damit sie knackig bleiben. Die feuchte Küchenrolle funktioniert nach demselben Prinzip.

3. Der Salat ist viel zu viel

Manchmal sind die Salatköpfe so groß, dass die Blätter unmöglich an einem Tag verspeist werden können. Kein Problem: Waschen und putzen Sie den kompletten Salat wie gewohnt. Trocken geschleudert und abgedeckt verpackt, hält er sich mindestens 2 Tage im Gemüsefach des Kühlschranks frisch. Am besten bereiten Sie dann auch direkt etwas mehr Dressing zu. Auch dieses bleibt im Kühlschrank 1–2 Tage einwandfrei, sodass Sie ruck, zuck am nächsten und übernächsten Tag etwas Gesundes auf dem Teller haben.

4. Chicorée

Die Bitterstoffe des Chicorées sitzen hauptsächlich in den dickeren, weißen Blattkernen, weniger in den dünnen Spitzen. Um das Bitteraroma etwas abzumildern, empfiehlt es sich daher, beim Putzen der Blätter diese unten keilförmig und nicht gerade abzuschneiden.

5. Seien Sie mutig – mischen Sie!

Ein reiner Rucolasalat ist mit seiner pfeffrigen Schärfe leicht zu viel. Ebenso verhält es sich mit Radicchio oder Chicorée – hier würden die Bitterstoffe zu sehr dominieren. Gleichzeitig ist jedoch ein „sanfter" Blattsalat wie Kopfsalat oder Lollo rosso schnell zu langweilig und nichtssagend. Richtig lecker werden Blattsalate durch die Kombination zwischen mild, pfeffrig oder bitter. Mischen Sie daher in einen eher sanften Blattsalat immer auch andere Blätter – ob Rucola, Radicchio, Löwenzahn, Chicorée oder Brunnenkresse. Genauso verhält es sich mit der Blattkonsistenz. Eine Mischung aus knackig und zart ist am spannendsten und abwechslungsreichsten.

6. Woran erkenne ich frischen Salat?

Blattsalat ist sensibel und hält sich nicht lange. Schnell werden die Blätter lasch, und neben dem Geschmack büßt der Salat dann auch direkt jede Menge Nährstoffe und Vitamine ein. Achten Sie beim Kauf also immer darauf, möglichst frische Ware zu erhalten. Das eindeutigste Indiz sind frische, saftige Blätter. Achten Sie zudem auf die Schnittstellen. Sind diese bereits bräunlich verfärbt, ist der Salat schon länger vom Feld. Finger weg heißt es, wenn Salat bereits faule, matschige Stellen aufweist.

7. Salat richtig waschen – gewusst wie

Ausnahmslos jeder Salat gehört gewaschen – ja, auch die fertig geschnittenen Salate aus dem Kühlregal. Diese sollte man allerdings sowieso nur im Notfall kaufen, da sie nährstoffärmer sind und beim nochmaligen Waschen weitere Nährstoffe verlieren. Vor dem Waschen sollte das Spülbecken immer blitzsauber sein – sonst wird es schnell unappetitlich. Da Salat empfindlich ist: Lassen Sie immer zuerst das kalte Wasser ein und geben Sie erst dann den Salat ins Becken. Dort sollte man den Salat kurz im Wasser ruhen lassen und dann mit den Händen sachte im Becken kreisen. Mit gespreizten Fingern

wird der Salat anschließend herausgefischt und zum groben Abtropfen in ein Sieb gegeben. Liegen am Grund des Spülbeckens Erde oder Sand, so ist ein zweiter Spülgang angesagt. Je nach Salatsorte und Herkunft kann auch ein dritter Spülgang nötig sein – gerade bei Feldsalat ist Sand auf dem Grund des Spülbeckens ein Qualitätsmerkmal. Nachdem der Salat gesäubert ist, gehört er in eine Salatschleuder. So wird überschüssiges Wasser am besten entfernt – und da so eine Schleuder günstig zu haben ist, sollte sie zur Grundausstattung jeder Küche gehören.

Gemüse

ACHTUNG

Das kann schiefgehen!

1. Grünes Gemüse wird unansehnlich braun
2. Das Gemüse ist zu weich geraten
3. Das Gemüse ist versalzen
4. Das Gemüse schmeckt langweilig
5. Bei der Gemüsemischung ist manches schon weich, anderes noch zu bissfest

SOS Pannen Hilfe

1. Grünes Gemüse wird unansehnlich braun

Durch eine zu lange Gardauer oder ein längeres Warmhalten kann grünem Gemüse schon mal die Luft ausgehen. In diesem Fall heißt das: Es wird bräunlich und sieht nicht mehr gut aus. Retten lässt sich die Farbe in diesem Fall nicht – aber durch untergerührte frisch gehackte Kräuter kann nicht nur der ein oder andere geschmackliche Akzent gesetzt, sondern auch optisch einiges verbessert werden. Frisch gehackte glatte Petersilie passt fast immer und kann auch ruhig sehr großzügig kurz vor dem Servieren untergerührt werden. Und ganz nebenbei werden auch noch wertvolle Inhaltsstoffe zugeführt, die beim Gemüse selbst durch die zu lange Garzeit verloren gegangen sind.

2. Das Gemüse ist zu weich geraten

Wenn Sie beim Gartest feststellen, dass das Gemüse zu weich zu werden droht, gießen Sie es am besten sofort ab und schrecken Sie alles im Eiswasserbad (alternativ: unter dem sehr kalten Wasserstrahl) so lange ab, bis es höchstens noch Zimmertemperatur hat. So kann es nicht mehr nachgaren, und grünes Gemüse behält auf diese Weise auch seine Farbe. Kurz vor dem Servieren kann das Gemüse dann noch mal in Butter geschwenkt erhitzt werden. Völlig verkochtes Gemüse ist allerdings nicht mehr zu retten. Wegwerfen müssen Sie trotzdem nichts. Sie können das Gemüse in Brühe pürieren, pikant abschmecken (oftmals ist etwas Zitronensaft eine gute Idee) und eventuell auch mit etwas Sahne verfeinert zu einer leckeren Cremesuppe verarbeiten.

3. Das Gemüse ist versalzen

Ist Gemüse versalzen, lässt sich oft noch einiges retten: Hinzugegossene Sahne neutralisiert Salz sehr gut. Gerade bei Gemüsesorten wie Kohlrabi, aber auch bei Paprikaschoten, Pilzen, Schwarzwurzeln, Möhren, Brokkoli oder Blumenkohl passt eine sahnige Sauce sehr gut – auch wenn eigentlich etwas anderes geplant war. Bei größeren Köpfen wie Brokkoli oder Blumenkohl sollten Sie diese zuvor aus dem Topf holen, unter viel kaltem Wasser abschrecken, dann in Röschen teilen und diese anschließend in etwas Sahne schwenken. Leichter wird solch eine Sauce immer durch die Verwendung von Kochsahne – oder einer Mischung aus Sahne und Milch. Viele andere Gemüsesorten (z. B. grüne Bohnen, Rosenkohl, Weißkraut und Rotkraut) können mit ungesalzenem Fond verdünnt werden. Damit beim Servieren anschließend nicht zu viel Flüssigkeit auf den Teller gelangt, muss die Flüssigkeit dann allerdings abgegossen oder das Gemüse mit der Schaumkelle herausgehoben werden. Falls direkt nach der Zugabe von Salz bereits auffällt, dass das Gericht zu viel Salz abbekommen hat: Eine rohe Kartoffel würfeln und einfach mitgaren. Vor dem Servieren herausnehmen.

SOS Pannen Hilfe

4. Das Gemüse schmeckt langweilig

Fehlt beim Gemüse der Pfiff, liegt es oft an fehlender Säure oder am fehlenden Zitrusaroma. Mit etwas frisch gepresstem Zitronensaft oder etwas abgeriebener Schale einer unbehandelten Zitrone lässt sich häufig der gewünschte Effekt herbeiführen. Ansonsten hilft fast immer auch 1 Prise Schärfe – sei es durch Cayennepfeffer, 1 zerbröselte getrocknete Chilischote, etwas Meerrettich- oder Wasabipaste. Falls Sie es vorrätig haben: Frisch gehackte Kräuter geben eigentlich immer einen leckeren Aroma-Kick. Untergerührte Kapern oder 2 fein gehackte untergerührte Sardellen zaubern schnell etwas mediterranes Flair auf den Teller.

5. Bei der Gemüsemischung ist manches schon weich, anderes noch zu bissfest

Wenn das Gemüse getrennt voneinander gart: Das fertige Gemüse sofort eiskalt abschrecken, um ein weiteres Garen zu verhindern. Das harte Gemüse fertig garen und kurz vor dem Servieren das kalte Gemüse in etwas Butter anschwitzen. Wenn das Gemüse gemeinsam gart: Meist schmeckt es besser, wenn eine Gemüsesorte noch etwas zu hart ist, als dass eine weich und die andere zu weich serviert wird. Das bedeutet: Raus aus der Pfanne und ab damit auf den Teller. Und beim nächsten Mal schneiden Sie Gemüsesorten, die länger garen müssen, einfach kleiner – so verringert sich die Garzeit, und die unterschiedlichen Gemüsesorten werden in etwa gleichzeitig fertig.

So gelingt's perfekt!

Gemüse perfekt zubereiten

1. Das Gemüse immer zuerst waschen, dann putzen und gegebenenfalls schälen. Anschließend in Stücke schneiden. So wird verhindert, dass es geschmacklich verwässert und die Inhaltsstoffe „ausbluten".

2. Wird Gemüse blanchiert: Möglichst wenig, aber immer bereits kochendes, leicht gesalzenes Wasser verwenden. Auch damit soll das Verwässern von Geschmack und Nährstoffen so gering wie möglich gehalten werden, zugleich soll die Garzeit so kurz wie nötig gehalten werden, damit möglichst viele Vitamine erhalten bleiben. Nach dem Blanchieren wird das Gemüse kalt abgeschreckt. So wird ein Nachgaren verhindert, zum anderen bleibt bei grünem Gemüse die Farbe schön erhalten. Außerdem: Bei vielen Gemüsesorten hilft auch 1 Prise Natron oder 1 Spritzer Essig oder Zitronensaft im Kochwasser, um die Farben frisch und leuchtend zu halten.

3. Wird Gemüse gebraten: Damit Gemüse nicht zu schnell Wasser zieht, sollte es zuerst ohne die Zugabe von Salz angebraten werden. So kann es leckere Röstaromen bilden. Erst anschließend wird es moderat gesalzen und dann im eigenen Saft bei geschlossenem Deckel fertig gegart.

4. Werden verschiedene Gemüsesorten serviert, so beachten Sie die unterschiedlichen Garzeiten. Gemüsesorten mit längerer Garzeit müssen dann entweder schon früher als die anderen Sorten in Topf oder Pfanne, bei Gemüsemischungen sollten härtere/festere Sorten einfach kleiner geschnitten werden, um die Garzeit zu verkürzen.

5. Gemüse sollte wenn möglich nicht vorgegart werden. Je länger es bis zum Servieren herumsteht, desto negativer wirkt sich das auf Geschmack, Optik und Vitamine aus.

Weitere Tipps & Tricks

Zwiebeln

- pellen sich ganz leicht, wenn sie vorher ein paar Sekunden in heißes Wasser gelegt werden.
- lassen sich zumindest tränenärmer hacken, wenn man konsequent durch den Mund und nicht durch die Nase atmet.

Mangold

- **Mangold besitzt sehr** feste Stiele. Damit alles gleichzeitig gar wird, sollten diese keilförmig aus den Blättern geschnitten werden und als Erstes in die Pfanne kommen. Die Blätter brauchen deutlich weniger Garzeit und kommen erst ca. 3 Minuten später hinzu.

Möhren

- **Bundmöhren bleiben im** Kühlschrank länger frisch, wenn Sie das Grün vorher entfernen. Dieses entzieht dem Gemüse nämlich den Saft und lässt es schneller welken. Haben Sie allerdings frische Bundmöhren im Hause, die auch zügig zubereitet werden, so können Sie das Grün mitverwenden. Es schmeckt würzig-aromatisch und kann zum Beispiel klein gehackt unter das Gemüse gerührt werden.

- **Paprika lässt sich** leicht häuten, wenn die gegrillten Schoten zum Auskühlen in einen Gefrierbeutel gesteckt werden. Der Dampf kann auf diese Weise nicht entweichen, die Schoten „schwitzen", und wenn sie abgekühlt sind, lässt sich die Haut einfach abziehen.

- **Buschbohnen und Stangenbohnen**
Grüne Bohnen sollten niemals roh verzehrt werden, da das enthaltene Phasin zu Vergiftungen führt, die im Kindesalter sogar tödlich verlaufen können. Durch Hitze wird der Stoff zerstört und somit unschädlich gemacht.

Kürbisse sind oft schwer zu schälen. Wie angenehm, dass man bei der Sorte Hokkaido die Schale direkt mitverzehren kann!

Weitere Tipps & Tricks

- **Saisonales und regionales** Gemüse schmeckt besser und ist gesünder als eingeflogene Ware. Im Frühling und Sommer ist das für die meisten kein Problem – aber Herbst und Winter stellen für viele größere Herausforderungen dar. Dabei ist es gar nicht schwer: Statt im Winter auf Spargel zu setzen, bereiten Sie besser Schwarzwurzeln zu – nicht umsonst nennt man sie in Österreich auch Winterspargel. Und auch andere Wurzelgemüsesorten wie Pastinake, Petersilienwurzel, Knollensellerie oder Steckrübe können neben den vielen verschiedenen Kohlsorten in den kalten Monaten für tolle Geschmacksmomente sorgen. Und wenn Sie das alles trotzdem satt haben: Oftmals schmeckt dann Tiefkühlware besser und enthält mehr Nährstoffe als frische, aber eingeflogene Gemüsesorten.

- **So bleibt Gemüse** besonders lange frisch: Wickeln Sie es in ein angefeuchtetes Küchentuch und lagern Sie es im Gemüsefach Ihres Kühlschranks. Die optimale Lagertemperatur ist je nach Gemüsesorte unterschiedlich. Der Niedersächsische Landesverband für Verbraucherschutz und Lebensmittelsicherheit hat folgende Richtwerte herausgegeben:
  - 1–2 °C: Artischocken, Blumenkohl, Brokkoli, Fenchel, Karotten, Kohlrabi, Lauch, Radieschen, Rosenkohl, Salat und Spinat
  - 2–4 °C: Chinakohl, Erbsen, Feldsalat, Radicchio und Spargel
  - 4–7 °C: Grüne Bohnen und Zwiebeln
  - 7–10 °C: Auberginen, Gurken, Knoblauch, Paprika und Zucchini

Rote Bete wird nie vor dem Garen geschält, sonst blutet sie aus – es sei denn, genau das ist gewünscht, wie zum Beispiel bei der Zubereitung von Borschtsch.

Blumenkohl

- bleibt schön weiß, wenn Sie ⅓ des Kochwassers durch Milch ersetzen und 1 Prise Zucker hinzugeben.
- riecht weniger streng nach Kohl, wenn Sie 1 in Spalten geschnittene Kartoffel mit ins Kochwasser geben.

Tomaten …

- … sollten nie im Kühlschrank gelagert werden. Sie verlieren dort an Geschmack.
- Sind die Tomaten noch ein bisschen grün, wickelt man sie zum Nachreifen am besten in eine Zeitung und lässt sie bei Zimmertemperatur ein paar Tage liegen. Schon bald sind die Tomaten appetitlich rot.
- … reifen schnell nach, wenn ein Apfel mit hinzugewickelt wird. Äpfel geben nämlich ein Reifegas ab, das das Nachreifen vieler anderer Früchte und auch von Gemüse deutlich beschleunigt.
- … häuten leicht gemacht: die Tomaten kreuzweise einritzen und mit kochendem Wasser überbrühen oder ca. 30 Sekunden in kochendes Wasser legen. Die Tomatenschale platzt so recht schnell auf und kann leicht entfernt werden. Der Stielansatz sollte übrigens erst nach dem Häuten entfernt werden, da sonst die Tomate zu schnell verwässert und weich wird.
- Das Grün an Tomaten enthält ebenso wie grüne Bohnen das giftige Phasin. Es sollte daher nie mitverzehrt werden.
- Heimische Tomaten sind ja leider nicht so sonnenverwöhnt wie ihre italienischen Verwandten. Geben Sie daher immer 1 Prise Zucker hinzu, damit die natürliche Säure abgerundet wird.

Pilze

- ziehen viel Wasser und sollten daher nur feucht abgerieben, jedoch niemals abgespült werden. Danach putzen, zuschneiden und ohne Salz anbraten. Das Salz wird dann erst im Anschluss an die erste heiße Anbratphase hinzugefügt.

- **Artischocken und Schwarzwurzeln**
Damit sich die Schnittstellen von Artischocken nicht verfärben und Schwarzwurzeln schön weiß bleiben, kommt immer etwas Essig oder Zitronensaft ins Kochwasser mit dazu.

- **Auberginen enthalten mittlerweile** dank neuer Züchtungen so wenig Bitterstoffe, dass man sich das leidige Einsalzen und Abwaschen von Auberginenscheiben vor dem Garen sparen kann.

Mais und Spargel werden besonders zart, wenn 1 Stich Butter ins Kochwasser gegeben wird.

Kräuter & Gewürze

Kräuter

Die zarten aromatischen Blätter und Stängel können Gerichten ein wunderbares Aroma verleihen – allerdings ist die richtige Handhabung Grundvoraussetzung für den kulinarischen Erfolg. Nur durch einen behutsamen Umgang, die richtige Lagerung und einen wohldosierten Einsatz wird man am Ende mit einem guten Geschmack belohnt.

ACHTUNG

Das kann schiefgehen!

1. **Das Gericht schmeckt nach dem Würzen nach nichts**
2. **Das Gericht ist überwürzt**
3. **Das Gericht ist durch die Zugabe von Kräutern bitter geworden**
4. **Die Kräuter sind verbrannt**

SOS Pannen Hilfe

1. Das Gericht schmeckt nach dem Würzen nach nichts

Durch falsche Lagerung und Zubereitung verlieren Kräuter an Aroma. Schmeckt das Gericht nach der Zugabe von Kräutern nach nichts: auf keinen Fall kräftig nachwürzen. Es kann passieren, dass es dadurch überwürzt oder bitter wird. Stattdessen: Falls Sie noch frische Kräuter übrig haben, heben Sie sie kurz vor dem Servieren unter das Essen oder streuen Sie sie klein gehackt darüber. Meist reichen hier bereits kleine Mengen aus, um ein feines Aroma zu erzielen. Falls nichts mehr übrig ist: Etwas eingerührtes Pesto zaubert sofort einen würzigen Geschmack, 1 Spritzer Zitronensaft oder etwas abgeriebene Schale von einer unbehandelten Zitrone sorgen schnell für Frische und einen mediterranen Kick. Etwas eingerührter Senf, ein bisschen Sambal Oelek oder 1 Messerspitze geriebener Meerrettich können ebenfalls für eine lecker-würzige Note sorgen.

2. Das Gericht ist überwürzt

Da viele Kräuter durch eine längere Kochzeit an Aroma einbüßen, können Sie – soweit es das Gericht erlaubt – alles einfach etwas länger kochen lassen. Nach 20 Minuten nochmals probieren – es kann gut sein, dass sich das Problem dann von alleine behoben hat. Kräuter mit besonders starkem Aroma, wie zum Beispiel Salbei, Rosmarin oder auch Dill, sollten von vornherein immer behutsam dosiert werden. Nachwürzen ist immer leichter, als Aroma zurückzunehmen. Falls es dennoch passiert und auch eine längere Kochzeit nichts nützt: Etwas eingerührte Sahne, Crème fraîche oder Schmand mildern den Geschmack eines Gerichts immer ab. Bei Gerichten auf Tomatenbasis einfach etwas mehr gehackte oder passierte Tomaten unterrühren. Bei exotischen Gerichten helfen Kokosmilch oder 1 hineinpürierte Banane.

3. Das Gericht ist durch die Zugabe von Kräutern bitter geworden

Bittere Noten lassen sich am besten durch Säure abschwächen. Geben Sie etwas Zitronensaft oder Essig hinzu und anschließend 1 Prise Zucker.

4. Die Kräuter sind verbrannt

Wenn Kräuter auf einem Braten oder Auflauf in den Ofen kommen, kann es schnell passieren, dass sie verbrennen – das ist nicht nur ungesund, sondern schmeckt auch nicht. Erste Hilfe sieht dann so aus: Das Bratgut herausholen, die Kräuter entfernen und alles fertig garen. Kurz vor Ende der Garzeit frische Kräuter hinzugeben, mit Öl beträufeln und alles unter Folie abgedeckt etwas ziehen lassen, bis die Kräuter ihr Aroma voll entfaltet haben. Damit es gar nicht erst passiert: Kräuter immer regelmäßig mit Öl oder Bratensud beträufeln. Das Bratgut im Auge behalten und die Kräuter immer wieder gegen frische austauschen. Unbesorgt kann man dagegen bei allen Niedriggarmethoden sein. Hier reicht es aus, die Kräuter einmalig mit Öl zu beträufeln, dann kann eigentlich nichts mehr an- bzw. verbrennen.

So gelingt's perfekt!

Verschiedene Kräuter perfekt verwenden

Manche Kräuter verlieren bereits durch das Trocknen sehr viel Geschmack und sollten daher am besten frisch verwendet werden. Anderen hingegen bekommt auch die kürzeste Kochzeit nicht – sie entfalten ihr Aroma hauptsächlich roh über das Gericht gestreut oder untergehoben. Und wieder andere brauchen eine lange Kochzeit, um ihr Aroma voll entfalten zu können. Wenn trotz der Zugabe von Kräutern das Gericht nicht aromatisch ist, liegt es sehr häufig an diesen genannten Punkten, beziehungsweise an der falschen Handhabung der jeweiligen Kräuter.

- Basilikum, Petersilie, Minze, Koriandergrün, Zitronenmelisse und Schnittlauch vertragen keine oder kaum Hitze. Diese Kräuter sollten idealerweise immer erst kurz vor dem Servieren untergehoben oder lediglich über das Gericht gestreut werden.
- Salbei, Rosmarin, Thymian, Lorbeer, Bohnenkraut, Oregano und Majoran: Diese Kräuter sind ziemlich stabil. Sie können gut getrocknet und auch längere Zeit mitgekocht werden.
- Dill, Salbei, Rosmarin, Thymian und Estragon: vorsichtig dosieren! Diese Kräuter sind sehr aromatisch und können schnell zu dominant geraten. Thymian, Rosmarin, Salbei und Oregano enthalten zudem viele Bitterstoffe und sollten daher gerade in der getrockneten Variante behutsam dosiert werden.
- Braten, der in einen Kräutermantel kommt, kann nach dem scharfen Anbraten mit Kräutern belegt werden, bevor er in den Ofen kommt, muss dann allerdings immer engmaschig kontrolliert und rechtzeitig mit Alufolie abgedeckt werden. Die Kräuter halten länger, wenn sie durch etwas daraufgeträufeltes Öl geschützt und immer mal wieder mit Bratenflüssigkeit begossen werden.

Weitere Tipps & Tricks

Was tun, wenn frische Kräuter übrig sind?

Tiefkühltruhe

- **Alle Kräuter waschen,** trocken schleudern, putzen und die Blättchen oder Nadeln hacken. Kräuter, die übrig bleiben, können problemlos mehrere Monate portioniert im Tiefkühlschrank aufbewahrt werden. Hierzu entweder die Portionen in kleine Tiefkühlbeutel verpacken oder auf Eiswürfelbehälter aufteilen, diese mit Wasser auffüllen und anschließend tiefkühlen. Sobald die Würfel durchgefroren sind, können sie auch den Behältern entnommen und gemeinsam in einen Tiefkühlbeutel gepackt werden. Das spart Platz.

- **Aufbewahrung im Kühlschrank**
Im Gemüsefach des Kühlschranks halten sich frische Kräuter ca. 2 Tage. Damit sie nicht welken, legt man sie am besten in einen Gefrierbeutel und hüllt sie in leicht angefeuchtetes Küchenpapier.

Übrigens: Kräuter nach dem Kauf nie ins Wasser stellen. Sie verlieren sonst schnell ihre Nährstoffe und welken!

- **Trockene Kräuter** sollten immer lichtgeschützt und luftdicht gelagert werden. So behalten sie am besten ihr Aroma. Aber natürlich verflüchtigt sich dieses auch bei der besten Lagerung mit der Zeit mehr und mehr.

- **Würzöl, Pesto oder Kräuterbutter** herstellen: die überzähligen Kräuter putzen, waschen und trocken schleudern …

… für **Würzöl** anschließend in sterile Flaschen geben und mit Öl auffüllen. Nach ein paar Tagen haben die ätherischen Öle der Kräuter das Öl aromatisiert. Wichtig ist, dass die Kräuter vollständig mit Öl bedeckt sind, damit keine Luft eindringen kann. Die Flaschen sollten dunkel und kühl, jedoch nicht im Kühlschrank gelagert werden und sind auf diese Weise ca. 2 Monate haltbar.

… für **Pesto** mit Nüssen oder Samen, nach Belieben auch mit Knoblauch und Hartkäse, sowie etwas Öl pürieren. Salzen, pfeffern und in sterile Gläser füllen. Zum Schluss mit etwas Öl begießen, damit alles luftdicht verschlossen ist. Hält sich ebenfalls ca. 2 Monate.

… für **Kräuterbutter** klein hacken und mit weicher Butter, etwas Salz und nach Belieben weiteren Gewürzen glatt verrühren. Kann entweder ca. 2 Wochen im Kühlschrank aufbewahrt oder portioniert tiefgekühlt werden. Auf diese Weise ist Kräuterbutter dann ca. 3 Monate haltbar. Besonders praktisch: Die eiskalte Butter kann zum Montieren von Saucen verwendet werden und liefert neben Bindung dann auch ein wunderbares Kräuteraroma.

Hübsch verpackt eignen sich Würzöl, Pesto und Kräuterbutter auch immer als tolles Mitbringsel zu einer Einladung.

Gewürze

ACHTUNG

Das kann schiefgehen!

1. Das Gericht ist überwürzt
2. Das Gericht schmeckt bitter

SOS
Pannen
Hilfe

1. Das Gericht ist überwürzt

Bei Saucen hilft Verlängern, denn sind die Gewürze einmal im Gericht, lassen sie sich nun einmal nicht mehr herausfiltern. Das kann je nach Sauce mit mehr Fond, mehr gehackten Tomaten, mehr Sahne oder mehr Kokosmilch geschehen. Sollte die Sauce daraufhin zu dünnflüssig werden, muss sie nochmals etwas angedickt werden – sei es durch püriertes Gemüse oder durch Mehlbutter. Die verschiedenen Möglichkeiten hierzu finden Sie im Kapitel *Fonds und Saucen*.

2. Das Gericht schmeckt bitter

Wie schon bei den Kräutern erwähnt: Ein bitterer Geschmack kann am besten durch etwas Säure in Form von Zitronensaft oder 1 Schuss Essig abgemildert werden.

So gelingt's perfekt!

Der richtige Umgang mit Gewürzen

- Kaufen Sie nach Möglichkeit immer ganze Gewürzkörner und mahlen oder zerstoßen Sie diese am besten erst kurz vor Gebrauch frisch in einer Mühle oder einem Mörser.
- Sobald Gewürze im Gericht verbleiben sollen, müssen die ganzen Samen, Früchte oder Rinden nach dem Rösten zerkleinert werden. Dazu eignen sich ein breites Messerblatt, ein Messer und Mörser oder eine elektrische Kaffeemühle. Die Arbeit mit dem Mörser erfordert ein wenig Kraft, für deren Aufwendung man durch einen schönen Duft belohnt wird. Eine elektrische Kaffeemühle, die dann ausschließlich für Gewürze verwendet werden sollte, ist schnell und effektiv. Bei beiden Varianten kann der Mahlgrad, also die Körnung der Gewürze, selbst bestimmt werden. Es gibt auch Gewürzmühlen, die wie Pfeffermühlen funktionieren. Man füllt eigene Gewürzmischungen ein, mit denen am Tisch nachgewürzt wird.
- Wie auch Kräuter sollten getrocknete Gewürze immer dunkel und luftdicht gelagert werden. So behalten sie am besten ihr Aroma.
- Dosieren Sie vorsichtig. Verwenden Sie immer eine Messerspitze oder einen Teelöffel, um Gewürze zu entnehmen, und geben Sie diese niemals direkt aus der Packung zum Gericht.

Weitere Tipps & Tricks

• **Werden ganze Gewürzkörner** verwendet, geben Sie diese am besten in einen Teefilter oder ein Tee-Ei. Sie können auf diese Weise zwar ihr Aroma wunderbar freigeben, lassen sich aber auch sehr leicht aus dem fertigen Gericht wieder entfernen.

Zwiebeln

• **Zwiebeln werden** (sofern sie nicht anbrennen) nicht bitter, sondern eher süßlich-pikant. Das kann bei einigen Gerichten gewünscht sein, wie zum Beispiel bei Käsespätzle mit Röstzwiebeln. Falls das Röstaroma im Gericht aber nicht vorgesehen ist, sollten Zwiebeln nur bei mittlerer Hitze angeschwitzt werden.

• **Knoblauch verbrennt ebenfalls** schnell und entwickelt ein bitteres Aroma. Auch er sollte nie zu scharf angebraten werden. Falls Fleisch oder Fisch mit Knoblauch und Öl mariniert wird, sollte Knoblauch immer vor dem Braten wieder entfernt werden. Am schnellsten gelingt dies, wenn er vom Bratgut zuvor mit einem Messerrücken abgestrichen wird.

• **Chilischoten**

… werden milder, wenn sie vorher entkernt werden. In den Kernen sitzt am meisten Capsaicin – und das ist der Stoff, der die Schärfe verursacht.

… Auf Nummer sicher gehen Sie, wenn Sie sich vor dem Entkernen und Kleinschneiden Einweghandschuhe anziehen und diese direkt danach entsorgen. Wer sich einmal aus Versehen nach dem Schneiden einer Chili die Augen gerieben hat, weiß, wovon hier die Rede ist.

… Die Schärfe von Chilischoten kann sehr unterschiedlich ausfallen. Schneiden Sie eine Schote an und halten Sie sie sich ganz kurz an die Zunge. So können Sie am besten einschätzen, ob es sich um ein scharfes oder eher mildes Exemplar handelt, und die weitere Dosierung danach ausrichten. Hierbei sollten Sie weniger von der Rezeptangabe ausgehen als vielmehr von Ihrem persönlichen Empfinden.

• **Paprikapulver kann schnell** verbrennen. Geben Sie dieses erst NACH einer scharfen Anbratphase zum Essen hinzu, damit es nicht bitter wird.

Fette & Öle

ACHTUNG

Das kann schiefgehen!

1. Sie geben Öl in die Pfanne, kurz darauf steigt Rauch auf

2. Sie wollen ein Öl verwenden, aber es riecht seltsam und schmeckt ranzig

SOS Pannen Hilfe

1. Sie geben Öl in die Pfanne, kurz darauf steigt Rauch auf

Achtung! Geben Sie Ihr Steak (oder was auch immer Sie anbraten wollen) nicht in die Pfanne, sondern nehmen Sie die Pfanne vom Herd und lassen Sie alles etwas abkühlen. Anschließend säubern Sie die Pfanne, setzen sie dann wieder neu auf. Raucht zu stark erhitztes Öl oder Fett, dann entsteht Acrolein, das als äußerst gesundheitsschädlich gilt.

2. Sie wollen ein Öl verwenden, aber es riecht seltsam und schmeckt ranzig

Bei olfaktorischen und geschmacklichen Auffälligkeiten heißt es: Finger weg! Aller Wahrscheinlichkeit nach steht das Öl schon länger im Schrank und ist über die Zeit ranzig geworden. Nicht nur, weil es nicht mehr schmeckt, sondern auch aus gesundheitlichen Gründen sollte es nicht mehr verwendet werden.

So gelingt's perfekt!

Fette richtig verwenden

Kochen, braten, backen:
Was auch immer man in der Küche anstellt, fast immer sind flüssige Öle oder feste Fette im Spiel. Eine wichtige Rolle bei der Entscheidung für dieses oder jenes Öl spielt dabei die Temperatur, auf die es erhitzt werden soll. Für die Hitzebeständigkeit ist der Anteil freier Fettsäuren entscheidend, und dies hängt auch damit zusammen, ob die Öle unraffiniert/kalt gepresst oder raffiniert/heiß gepresst sind. Fast alle raffinierten Öle haben einen Rauchpunkt über 200 °C und eignen sich damit für hohe Temperaturen. Kalt gepresste Öle und Butter vertragen dagegen weniger Temperatur und sind nicht so hoch erhitzbar.

Weitere Tipps & Tricks

Olivenöl

• **Olivenöl ist gesundheitlich** und geschmacklich top, eignet sich aber nicht für hohe Temperaturen. Es gibt allerdings im gut sortierten Handel hoch erhitzbares Olivenöl, das durch Desodorierung hitzestabil gemacht wurde – empfehlenswert für alle mediterranen Zubereitungsweisen und vieles andere mehr.

Mit Olivenöl bestrichenes Fleisch oder Geflügel trocknet beim Braten nicht so leicht aus.

• **Öl ist ein** hervorragendes Konservierungsmittel. Legen Sie zum Beispiel geschälte Knoblauchzehen in Öl, so trocknen diese nicht aus. Ist der Knoblauchvorrat aufgebraucht, kann man das pikant-aromatische Öl gut für Dressings, zum Kochen oder Braten verwenden.

• **Olivenöl, das ausflockt,** ist nicht schlecht geworden – bei kühler Lagerung flocken Wachse aus der Olivenschale aus. Insbesondere sehr schonend gepresste Olivenöle von hoher Qualität neigen dazu. Es handelt sich also keineswegs um einen Nachteil, vielmehr kann das Ausflocken als Qualitätssiegel verstanden werden.

So lagern Sie Öle optimal: gut verschlossen, dunkel und kühl – jedoch nicht im Kühlschrank.

Kartoffeln & Kartoffelprodukte

Kartoffeln können so vielfältig eingesetzt werden, dass wir hier auf typische Schieflagen und die konkrete Pannenhilfe verzichten – mit Ausnahme der Kartoffelknödel. Stattdessen erfahren Sie für die gängigsten Verwendungsmöglichkeiten wertvolle Tipps zum perfekten Gelingen.

So gelingt's perfekt!

Von fest bis mehlig – Kartoffeln perfekt einsetzen

- Festkochende/vorwiegend festkochende und mehlig kochende Kartoffeln – für verschiedene Zubereitungsarten benötigt man verschiedene Kartoffelsorten. Festkochende Kartoffeln eignen sich vor allem für Bratkartoffeln, Kartoffelgratin und Kartoffelsalat.
- Vorwiegend festkochende Sorten sind ideal für Salz- und Pellkartoffeln. Doch können mit ihnen auch Salate und Suppen hergestellt werden.
- Mehlig kochende Kartoffeln wiederum eignen sich perfekt für Püree und Kroketten, Klöße und Knödel, Suppen und Eintöpfe, Reibekuchen und Folienkartoffeln.

So gelingt's perfekt!

Das perfekte Kartoffelpüree

- Die Kartoffeln schälen, ggf. halbieren oder vierteln und in Salzwasser weich kochen (eine etwas zu lange Kochzeit ist kein Problem). Anschließend abgießen und noch heiß mit dem Kartoffelstampfer zerdrücken.
- Milch und/oder Sahne in einem separaten Topf erhitzen, zu den Kartoffeln gießen und unterrühren. Es ist natürlich wichtig, nicht zu viel Flüssigkeit zu verwenden, sonst wird das Püree breiig oder im Extremfall zu flüssig.
- **Achtung:** Niemals mit dem Stabmixer pürieren, die Masse wird dann klebrig und bekommt eine unvorteilhafte Konsistenz.
- Zum Schluss salzen, nach Belieben weiche Butter unterrühren und, sofern gewünscht, mit weiteren Aromen (Muskatnuss, Zitronenschale, Knoblauch etc.) verfeinern.

Was gibt es schöneres als knusprige Pommes und goldgelbe Bratkartoffeln? Hier erfahren Sie, wie es geht

Die perfekten Pommes frites

- Die Kartoffeln schälen und nach Belieben in längere oder kürzere, dickere oder dünnere Fritten schneiden. Auf niedrigerer Temperatur (etwa 130 °C) in einer Fritteuse mit ausreichend Öl einige Minuten (je nach Größe rund 4–9 Minuten) vorfrittieren, dann herausnehmen.
- Die Fritten auf einer größeren Fläche voneinander trennen, damit sie nicht verklumpen, und etwa 15 Minuten abkühlen lassen. Inzwischen die Fritteuse hochschalten (160 – maximal 175 °C) und die Pommes goldbraun fertig frittieren.
- **Achtung:** Das verwendete Öl muss fritteusengeeignet, also hoch erhitzbar sein. Temperaturen über 175 °C sind nicht zu empfehlen, weil darüber erhebliche Mengen Acrylamid entstehen, das im Verdacht steht, Krebs auszulösen.
- Die Pommes frites nach dem Frittieren sofort salzen oder mit einer Gewürzmischung (etwa mit Salz, Paprika, Chili, Curry, Koriander, Thymian, Rosmarin etc.) aufpeppen.

Die perfekten Bratkartoffeln

Zwei Wege führen zu perfekten Bratkartoffeln: Entweder können diese mit rohen oder mit gekochten Kartoffeln zubereitet werden. Zuerst die Variante mit gekochten:

- Noch recht bissfeste Pellkartoffeln vom Vortag schälen und in gleichmäßig dicke Scheiben schneiden.
- In einer großen beschichteten Pfanne in (nicht zu viel) Schmalz oder geeignetem Öl braten. Anfangs durchaus kräftig, dann aber bald herunterschalten, sodass die Bratkartoffeln zwar gebräunt werden, aber keinesfalls verbrennen. Dabei die Kartoffelscheiben nicht zu häufig wenden.
- Naht das Ende der Bratzeit, gehackte Zwiebeln und gewürfelten Speck dazugeben (gegebenenfalls noch mal etwas Butter, Schmalz oder Öl hinzufügen), mit Salz, Pfeffer und Majoran großzügig würzen.

Für die zweite Variante: rohe Kartoffeln in kleine Würfel schneiden und vorgehen wie oben beschrieben. Bei dieser Vorgehensweise brauchen die Bratkartoffeln natürlich mehr Zeit bei vergleichsweise geringerer Hitze, da sie ja auch noch vollständig durchgaren müssen.

So gelingt's perfekt!

Der perfekte Kartoffelgratin

- Rohe, festkochende Kartoffeln in gleichmäßig dünne Scheiben schneiden oder hobeln und anschließend dachziegelartig in eine große gefettete Auflaufform schichten. Jede Schicht mit Salz, Pfeffer und nach Belieben Muskatnuss oder Knoblauchstiften bestreuen. Beim Salzen das richtige Maß zu finden, ist eine Hauptschwierigkeit des perfekten Gratins – die Erfahrung macht hier wie so oft den Meister. Ruhig mutig herantasten, denn Kartoffeln schlucken viel Salz.
- Schichten Sie die Kartoffeln nicht zu hoch, als Richtmaß nicht höher als 2,5 cm. Das Gratin nach Belieben mit geriebenem Käse, beispielsweise Parmesan oder Greyerzer, und auf jeden Fall mit Butterflöckchen bestreuen. Anschließend alles mit Flüssigkeit begießen. Hier sind Milch, Sahne, Brühe sowie Mischungen daraus möglich.
- Wichtig für ein perfektes Ergebnis ist, das Gratin nicht zu ertränken. Am Ende soll es noch feucht sein, aber nicht schwimmen. Als Faustregel gilt: Eine Fingerbreite Abstand sollten die Kartoffelscheiben aus der Flüssigkeit ragen.
- Im Backofen bei nicht zu hoher Temperatur garen. Vor Ende der Garzeit gegebenenfalls mit Alufolie lose abdecken, damit das Gratin nicht zu dunkel gerät.

Ob mit Mayonnaise oder Essig/Öl ist sicherlich Geschmackssache. Mit unseren Tipps gelingen beide Varianten in jedem Fall

Der perfekte Kartoffelsalat

Zwei Arten Kartoffelsalat konkurrieren miteinander: erstens mit Essig und Öl, zweitens mit Mayonnaise.

- Für die **Essig-/Öl-Variante**: Warme Brühe mit Essig und Öl vermischen, angedünstete Zwiebeln dazugeben. Ausgedämpfte, aber noch warme Kartoffeln pellen, schneiden, sofort mit dem Sud begießen und ziehen lassen. Weitere Zutaten können beispielsweise Gewürzgurken, Schnittlauch oder Radieschen sein. Angebratener bzw. ausgelassener Speck ist typisch und passt hervorragend. Abgeschmeckt wird mindestens mit Salz und Pfeffer. Achtung: Je nach Kartoffelsorte kann es passieren, dass die noch warmen Kartoffelscheiben brechen. Geschmacklich tut das dem Salat überhaupt keinen Abbruch. Falls Sie allerdings schöne Scheiben haben wollen, so sollten Sie möglichst speckig-kochende festkochende Kartoffeln verwenden, zum Beispiel die französische Sorte „La Ratte" oder die „Bamberger Hörnchen".
- Für die **Mayonnaise-Variante** sollte man idealerweise die Mayonnaise selbst frisch zubereiten – das lohnt sehr. Diese mit etwas kalter Brühe oder auch mit Joghurt verdünnen und mit kalten Scheiben aus Pellkartoffeln mischen. Auch in die Mayonnaise-Variante gehört etwas Essig (z. B. Weißweinessig), denn die Säure gibt dem Kartoffelsalat eine frische Note. Typischerweise gehören Gewürzgurken, hart gekochte Eier und rohe Zwiebelwürfel hinein und Schnittlauch darüber, allerdings sind der Kreativität kaum Grenzen gesetzt.

Weitere Tipps & Tricks

- **Kartoffelpüreereste kann man** gut weiterverwenden: mit etwas Kartoffelstärke und Ei vermischen und kleine Küchlein daraus formen. Diese goldgelb in Öl ausbacken. Zu länglichen Rollen geformt, paniert und frittiert, werden aus der Kartoffelpüreemischung köstliche Kroketten.

Garzeit

- **Vergisst man einmal** die Garzeit und die Kartoffeln werden zu weich, dann muss man zur Not eben von Salzkartoffeln auf Kartoffelpüree umschwenken.

Grüne Stellen an Kartoffeln immer großzügig wegschneiden, sie enthalten das giftige Solanin.

- **Möchte man Pellkartoffeln** pellen, dann kann ein einfacher Trick die Arbeit deutlich erleichtern: Einmal mittig rundherum die Pelle einschneiden, noch heiß in Eiswasser legen und kurz warten. Herausnehmen und die beiden Hälften der Pelle nach rechts und links abziehen. Oft löst sich dann die Pelle im Ganzen. Auf jeden Fall aber erleichtert das Abschrecken im Eisbad das Pellen.

Sollen rohe, geschälte Kartoffeln nicht sofort weiterverarbeitet werden, dann in Wasser einlegen – dann verfärben sie sich nicht.

Kartoffelknödel

Hier sind wir bei der Königsdisziplin der Kartoffelzubereitung angelangt! Und da hier etwas mehr schiefgehen kann als bei den anderen Zubereitungsarten, erhalten die Knödel auch eine ausführlichere Besprechung.

ACHTUNG

Das kann schiefgehen!

1. **Die Kartoffelknödel zerfallen beim Kochen**
2. **Die Knödel sind von der Konsistenz zu fest und pappig**

SOS Pannen Hilfe

1. Die Kartoffelknödel zerfallen beim Kochen

Kartoffelknödel, die sich im Kochwasser in Einzelteile zerlegen, bekommt man natürlich nicht wieder zusammen. Ist es aber doch einmal passiert, dann kann man sie wenigstens noch halbwegs retten: Dafür sofort aus dem Kochwasser nehmen, mithilfe eines Siebs und Küchenpapier möglichst gut trocknen, eventuell sogar leicht pressen. Dann in gleich große Stücke grob zerteilen und entweder im Backofen mit Käse überbacken oder in einer Pfanne mit Speck anbraten.

SOS Pannen Hilfe

2. Die Knödel sind von der Konsistenz zu fest und pappig

Sind die Knödel zu fest und zu pappig, liegt es meist daran, dass zu viel Kartoffelstärke hinzugegeben wurde. Die Kunst bei der Knödelzubereitung ist immer die, so viel Stärke wie nötig und so wenig wie möglich hinzuzugeben. Die Stärke sorgt dafür, dass die Knödel nicht auseinanderfallen. Zu viel jedoch macht sie pappig. Lassen Sie die Knödel erkalten und schneiden Sie sie in Scheiben. In Butter goldgelb angebraten und mit einer goldgelben Kruste, schmecken auch zu feste Knödel wieder richtig lecker.

So gelingt's perfekt!

Die perfekten Kartoffelknödel

Ob man Kartoffelknödel aus rohen oder gekochten Kartoffeln herstellt oder ein Mischungsverhältnis bevorzugt: Immer hängt der Erfolg letztendlich vom Stärkegehalt der Klöße ab. Enthalten sie zu wenig Stärke, dann zerfallen sie im Kochwasser, enthalten sie zu viel, dann nehmen sie eine unangenehme gummiartige Konsistenz an. Nur Kartoffelklöße mit dem richtigen Stärkegehalt werden fluffig, luftig und zart.

- Man nimmt für Kartoffelklöße mehlig kochende Kartoffeln. Der Anteil der rohen Kartoffeln wird geschält, geraspelt und anschließend in einem Tuch ausgepresst. Die Flüssigkeit wird aufgefangen. Nachdem sie einige Minuten steht, setzen sich Wasser und Stärke voneinander ab. Gießen Sie dann das Wasser vorsichtig ab und geben Sie die abgesetzte Stärke

Die Knödel immer im offenen Topf, also ohne Deckel, ziehen lassen

in den Kartoffelteig hinein. Alternativ kann man auch Kartoffelstärke aus der Packung nehmen.

- Bei den sogenannten „Gummiknödeln", die komplett aus gekochten Kartoffeln bestehen, sollten die ausgedämpften Kartoffeln noch warm weiterverarbeitet werden. Bei Kartoffelteigen mit rohen Kartoffeln hingegen sollte der Anteil an gekochten Kartoffeln völlig erkaltet sein.
- Der fertige Teig sollte noch leicht feucht sein, aber nicht mehr kleben. Ist der Teig zu weich, dann etwas Stärke (alternativ Semmelbrösel oder Grieß) untermischen; ist er zu fest, dann etwas Milch untermischen. Weniger anfällig für das Auseinanderfallen sind Klöße, in die kleine Weißbrotwürfel eingearbeitet werden.
- Die Knödel in siedendem gesalzenen Wasser gar ziehen lassen, denn in wild sprudelndem Wasser zerfallen Knödel ungleich schneller. Sobald die Knödel an die Oberfläche steigen, sind sie gar. Das ist nach etwa einer Viertelstunde der Fall. Heben Sie die Knödel vorsichtig mit einer Schaumkelle heraus und lassen Sie sie vor dem Servieren kurz abtropfen.

Weitere Tipps & Tricks

Der wichtigste Tipp

- **Immer einen Knödel** probekochen, dann weiß man, ob der Stärkegehalt stimmt.

Topfgröße und Wassermenge sollten großzügig bemessen sein, da die Knödel Platz benötigen.

- **Bestäuben Sie Ihre** Hände beim Formen der Knödel mit Kartoffelstärke und geben Sie auch etwas Stärke in das Kochwasser. So fallen die Knödel nicht so leicht auseinander.

- **Annähernd ebenso wie** Kartoffelknödel werden sowohl die schwäbischen Schupfnudeln als auch die italienischen Gnocchi hergestellt. Für Letztere wird oftmals Käse (Parmesan etc.) in den Teig eingerührt, der sie als natürlicher Kleber zusammenhält. Beide Varianten bestehen ausschließlich aus gekochten Kartoffeln. Die Gefahr des Auseinanderfallens ist allein schon wegen der geringeren Größe weniger gegeben.

Teigwaren & Pasta

ACHTUNG

Das kann schiefgehen!

1. Die Nudeln sind zu weich gekocht

2. Die Nudeln kleben aneinander

SOS Pannen Hilfe

1. Die Nudeln sind zu weich gekocht

Stellt man beim Nudeltest fest, dass die Nudeln nicht mehr „al dente" sind, sondern zu lange in kochendem Wasser gebadet haben: sofort abgießen, abschrecken, abtropfen und erkalten lassen. Dann die Nudeln mit etwas Butter in der Pfanne anbraten. So wird geschickt kaschiert, dass sie zu weich geraten sind. Allerdings haften dann – besonders fruchtige – Saucen nicht mehr so gut daran, da die Butter wie ein Schutzfilm wirkt.

2. Die Nudeln kleben aneinander

Nudeln brauchen ausreichend Kochwasser. Als Faustregel gilt: pro 100 g Nudeln 1 Liter Wasser. Zudem sollten die Nudeln während der Kochzeit immer mal wieder umgerührt werden. Auf diese Weise wird ein Aneinanderkleben zuverlässig verhindert. Falls es doch passiert ist: Die verklebten Nudeln mit einer Gabel herausfischen, den verklebten Strang abschneiden und entfernen. Die restlichen Nudeln wie gewohnt fertig garen. Kleben die bereits gegarten Nudeln vom Vortag aneinander – keine Sorge: Sobald sie in Butter angeschwitzt werden, lösen sie sich nach und nach von ganz alleine.

So gelingt's perfekt!

Die perfekten selbst gemachten Eier-Nudeln

1. In der einfachsten Form bestehen selbst gemachte Nudeln aus Mehl, Ei, Salz und Wasser. Pro 100 g Mehl kommt 1 Ei hinzu sowie etwas Salz und 1 Teelöffel Wasser.

Achtung: Öle und Fette sollten nicht in den Teig geknetet werden, denn dies führt dazu, dass die Sauce später nicht mehr gut an den Nudeln haftet.

2. Die Mischung auf einer bemehlten Arbeitsfläche zu einem glatten Teig kneten, der zwar möglichst fest sein sollte, aber noch zu verarbeiten sein muss, d. h. er darf bei der Weiterverarbeitung nicht brechen. Ist er zu hart, einfach ein wenig Wasser unterkneten; ist er zu weich, etwas Mehl hinzufügen. Die richtige Konsistenz ist letztlich eine Frage der Erfahrung. Den Teig ca. 30 Minuten in Klarsichtfolie im Kühlschrank lagern. Dann mit der Nudelmaschine wie gewünscht weiterverarbeiten.

Tipp: Wer keine Nudelmaschine hat: Nudelteig auf einer bemehlten Arbeitsfläche so dünn wie möglich ausrollen und in die gewünschte Form schneiden.

Weitere Tipps & Tricks

• **Wie weiter oben** erwähnt: Nudeln sollten immer in einem großen Topf in reichlich gut gesalzenem Wasser gekocht werden. Pro 100 g Pasta mindestens 1 Liter Wasser. Außerdem sollten sie während der Kochzeit mehrfach umgerührt werden.

Bewahren Sie immer eine Tasse des Nudelkochwassers auf. Oftmals braucht man dieses, um die Sauce etwas zu verdünnen.

• **Damit Nudeln sich** gut mit Sauce verbinden können, sollte man auf zweierlei achten: Sie sollten erstens Nudelsorten nehmen, die nicht glatt und glänzend, sondern matt und mehlig aussehen – an ihnen kleben Saucen besser. Und zweitens: Schrecken Sie Nudeln nicht ab. Dabei wird die Stärke abgewaschen und die Sauce haftet nicht mehr so gut.

• **Damit Nudeln nach** dem Kochen nicht zusammenkleben, gibt es mehrere Möglichkeiten. Achtung: Etwas Olivenöl ins Kochwasser zu geben, wie oft geschrieben wird, hilft nicht.

• Die zuverlässigste Methode, das Verkleben zu verhindern, ist: Nach dem Abgießen die Nudeln zurück in den Topf geben, eine Kelle vom Kochwasser dazugeben und umrühren. Allerdings ist diese Methode nur bei getrockneten Nudeln anzuraten, frische Nudeln garen weiter und werden matschig.

• Ebenfalls zuverlässig: etwas Butter oder Öl zu den Nudeln geben und durchrühren. Nachteil: Die Nudeln verbinden sich nicht mehr gut mit der Sauce.

• Vermischen Sie die Nudeln vor dem Servieren mit der Sauce. So lösen sie sich von ganz alleine.

Reis & Couscous

ACHTUNG
Das kann schiefgehen!

1. Der Reis ist versalzen
2. Der Reis ist zu weich gekocht
3. Vollkornreis wird nicht weich, aber breiig

SOS Pannen Hilfe

1. Der Reis ist versalzen

Den versalzenen Reis in ein feines Sieb geben und gut mit Wasser abspülen. Entweder in der Mikrowelle wieder erwärmen oder mit kochendem Wasser übergießen.

2. Der Reis ist zu weich gekocht

Hier hilft nur: neuen Reis aufsetzen. Den zu weichen Reis muss man allerdings nicht wegwerfen, sondern kann ihn wie folgt weiterverwenden: mit Eiern, Gewürzen und Kräutern vermischen und daraus kleine Puffer oder ein Omelett braten.

3. Vollkornreis wird nicht weich, aber breiig

Die meisten Vollkornreissorten werden, anders als geschälter Reis, nicht völlig weich, sondern haben auch im gegarten Zustand noch Biss. Irgendwann wird daraus Brei – und der ist dann nicht mehr zu retten. Statt Vollkornreis im Topf weich zu kochen, empfiehlt sich Folgendes: Lassen Sie Vollkornreis mit der doppelten Menge Wasser aufkochen. Kochen Sie ihn siedend ca. 20 Minuten. Anschließend nehmen Sie den Topf vom Herd, hüllen ihn in eine dicke Decke und lassen Sie ihn weitere 20 Minuten ausquellen.

So gelingt's perfekt!

Perfekt gegarter Reis

Um Reis zu garen, gibt es mehrere Methoden. Die beiden beliebtesten: mit viel Wasser (Wassermethode) und mit eben so viel Wasser, wie der Reis aufnehmen kann (Quellmethode). In jedem Fall sollte der Reis vorher gründlich abgespült werden.

Den Reis mit gesalzenem Wasser aufsetzen und aufkochen. Dann bei siedender Hitze, also nicht im sprudelnden Wasser, garen. Bei der Wassermethode kann eigentlich kaum etwas schiefgehen. Sie können während des Garens einzelne Körner probieren. Ist der Reis gar, einfach in ein Sieb abschütten. Mit dieser Methode bleibt der Reis schön körnig. Der Nachteil: Einige Vitalstoffe werden aus den Körnern ausgeschwemmt und gehen verloren.

Das kann bei der Quellmethode nicht passieren, weil nichts abgeschüttet wird. Hier etwa doppelt so viel Wasser wie Reis ansetzen und aufkochen. Dann bei milder Hitze gar ziehen lassen. Da die Wassermenge je nach Reissorte variieren kann, muss gegebenenfalls etwas Wasser nachgegossen werden. Dann allerdings sollten Sie immer kochendes Wasser verwenden, damit das Garen des Reises nicht unterbrochen wird.

Nordafrikanischer Couscous und norditalienisches Risotto sind bald überhaupt kein Problem mehr für Sie

Das perfekte Risotto

Eine besonders schmackhafte Reisvariante ist das aus Italien stammende Risotto.

1. Brühe (Faustregel: 300 ml pro 100 g Risottoreis) in einem Topf zum Sieden bringen und auf Temperatur halten.

2. Im zweiten Topf 1 Schalotte in Butter glasig dünsten, 1 Tasse Risottoreis (der bekannteste ist zweifelsohne Arborio, gängig sind auch Carnaroli und Vialone) hinzugeben und ebenfalls unter Rühren andünsten. Dann mit etwas Wein ablöschen.

3. 1 Schöpfkelle Brühe hinzugeben, oft umrühren und die nächste Kelle erst dann hinzugeben, wenn die erste fast vollständig verdampft und vom Reis aufgesogen worden ist. So weiterverfahren, bis das Risotto gar ist, aber noch Biss hat (20–30 Minuten).

4. Mit 1 Stich Butter und Parmesan nach Belieben sämig machen.

Dieses Grundrezept kann auf ungezählte Arten und Weisen ergänzt und variiert werden.

Couscous perfekt garen

Couscous ist ein grober Hartweizengrieß, der reisähnliche Eigenschaften besitzt.

1. Üblicherweise bekommt man im Handel Instant-Couscous, der nur noch in heißer Flüssigkeit ziehen muss. Dafür ausreichend Wasser (oder Brühe/Fond) zum Kochen bringen, von der Hitze ziehen und nicht mehr kochend über den Couscous gießen.

2. Nach rund 5 Minuten – vorher eine Gabel voll probieren! – Couscous in ein Sieb abschütten. Mit einer Gabel lockern und 1 Stich Butter oder 1 Schuss Öl untermischen.

Weitere Tipps & Tricks

• **Man kann Reis** schon während des Garens aromatisieren, indem man nicht bloß Salzwasser zum Garen verwendet. Statt Wasser bietet sich beispielsweise Brühe an. Etwas Wein in der Kochflüssigkeit ist ebenfalls empfehlenswert. Und auch das Kochen in (verdünnter) Kokosmilch ist lohnenswert. Man kann auch Gewürze ins Kochwasser geben, beispielsweise Curry. Einen besonders intensiven und gut zu Reis passenden Geschmack geben 1–2 Kardamomkapseln ab (nicht überdosieren, der Geschmack ist sehr dominant). Auch Kräuter, wie Lorbeer und Thymian, passen sehr gut – genauso wie 1 Scheibe Zitrone oder Orange.

Reiskocher

• **Sie essen oft** und regelmäßig Gerichte mit Reis? Und Sie haben kein Platzproblem in Ihrer Küche? Dann könnte sich die Anschaffung eines Reiskochers lohnen, der Reis „idiotensicher“ und vollautomatisch mit der Quellmethode gart.

Schneeweißen Reis erhalten Sie, wenn Sie einige Tropfen Zitronensaft mit ins Kochwasser geben.

• **Besonders aromatisch wird** der Reis, wenn man ihn in ungegartem Zustand zunächst in etwas Butter und mit einigen Zwiebelwürfelchen andünstet. Erst wenn die Zwiebeln glasig sind, wird Flüssigkeit hinzugegeben.

Hülsenfrüchte

ACHTUNG

Das kann schiefgehen!

1. Die Linsen (Erbsen, Bohnen) werden einfach nicht weich
2. Die Linsen (Erbsen, Bohnen) platzen beim Kochen auf

SOS Pannen Hilfe

1. Die Linsen (Erbsen, Bohnen) werden einfach nicht weich

Hier hilft nur Geduld – auf geringer Hitze weiterköcheln lassen, bis sich die Linsen (Erbsen, Bohnen) ergeben. Alternativ: Setzen Sie frisches, ungesalzenes Wasser auf. Sobald dieses siedet, die Hülsenfrüchte aus dem ersten Topf abgießen und in das ungesalzene Wasser umfüllen. So lange sanft garen, bis die Linsen weich sind.

2. Die Linsen (Erbsen, Bohnen) platzen beim Kochen auf

Sofort die Hitze zurückschalten, den Topf gegebenenfalls einige Zeit von der Hitze ziehen. Haben sich nur einige Linsen/Erbsen aus den Samenschalen gelöst (Bohnen zerbrechen dagegen), dann die Schalen abschöpfen und bei geringer Hitze zu Ende garen. Sind die Hülsenfrüchte stärker zerstört, dann kann man überlegen, ob nicht auch eine pürierte Erbsen- oder Linsensuppe lecker wäre.

So gelingt's perfekt!

Hülsenfrüchte perfekt garen

Viele Hülsenfrüchte gibt es nur selten frisch. Ganzjährig sind sie allerdings problemlos in getrockneter Form zu bekommen. Um sie dann perfekt auf den Tisch zu zaubern, sollte man drei einfache Regeln beachten:

1. Ungeschälte Hülsenfrüchte vor dem Kochen immer einweichen. Die Einweichzeit kann von einigen Stunden bis zu einem Tag reichen. Ausnahme: Kleine gelbe und rote Linsen. Diese sind geschält und müssen nur wenige Minuten gekocht werden.

2. Hülsenfrüchte nicht in Salzwasser oder Brühe kochen. Die Garzeit kann sich dadurch erheblich verlängern und im Extremfall endlos in die Länge ziehen.

3. Hülsenfrüchte immer nur in siedendem, nicht in sprudelnd kochendem Wasser garen. Werden sie nämlich zu heiß gekocht, platzen sie ungleich schneller auf.

Weitere Tipps & Tricks

- **„Jedes Böhnchen ein Tönchen"**
Hülsenfrüchte führen bei vielen Menschen zu Blähungen. Dagegen kann es helfen, verdauungsfördernde Gewürze oder Kräuter mitzukochen. Insbesondere Kümmel, aber auch Ingwer, Fenchel, Koriander, Salbei, Majoran, Thymian und Bohnenkraut stehen im Ruf, hilfreich zu sein und das Schlimmste zu verhindern.

Frische Bohnen halten sich im Kühlschrank ungefähr 2–3 Tage, am besten im Gemüsefach. Rohe Trockenbohnen halten sich bei trockener Lagerung ungefähr ein Jahr.

- **Hülsenfrüchte garen schneller,** wenn man 1 oder 2 Prisen Natron mit ins Kochwasser gibt.

- **Frische Bohnen sollten** immer fest und von intensiver Farbe sein. Achten Sie darauf, dass die Hülsen keine braunen Flecken oder Druckstellen haben.
- Der ultimative Frischetest für die Bohnen: Brechen Sie die Schote auseinander. Wenn sich kleine Tröpfchen an der Bruchstelle bilden, ist die Bohne frisch.
- Bohnen müssen vor dem Verzehr immer gekocht werden. Sie enthalten Phasin, was bei manchen Menschen Magen- und Darmbeschwerden hervorrufen kann. Der Stoff zerfällt erst beim Kochen.

Suppen & Eintöpfe

ACHTUNG

Das kann schiefgehen!

1. Die Suppe/der Eintopf ist versalzen
2. Das Gemüse in der Suppe (oder ggf. im Eintopf) ist verkocht
3. Die Suppe/der Eintopf ist angebrannt
4. Suppe oder Eintopf sind zu dünn

SOS Pannen Hilfe

1. Die Suppe/der Eintopf ist versalzen

Das „Salz in der Suppe" ist etwas üppig geraten? Und „zusalzen" geht immer, „wegsalzen" dagegen nicht? Doch! Auch Suppen oder Eintöpfe können bis zu einem gewissen Grad der Übersalzung gerettet werden: Dafür die Suppe oder den Eintopf von den festen Bestandteilen trennen und in die Flüssigkeit 1 (oder mehrere) Kartoffeln in groben Stücken geben. Ein paar Minuten in der Flüssigkeit köcheln, dann absieben. Die Kartoffeln ziehen das Salz aus der Suppe. Eine andere Methode funktioniert nach dem gleichen Prinzip: Etwas Reis in ein kleines Säckchen, ein Tee-Ei oder Ähnliches geben, wie gehabt mitköcheln und nach einigen Minuten wieder entfernen. Schmeckt die Flüssigkeit trotz allem immer noch versalzen, dann gegebenenfalls wiederholen und mit ungesalzener Brühe oder Milchprodukten (beispielsweise Sahne) strecken.

2. Das Gemüse in der Suppe (oder ggf. im Eintopf) ist verkocht

Hat man seine Suppe/den Eintopf mal auf dem Herd vergessen und die Gemüseeinlage ist verkocht, dann kann man es auf zweierlei Art und Weise weiterverwenden. Erstens kann man den ursprünglichen Plan ändern und die Suppe pürieren. Zweitens kann man das zu weiche Gemüse abseihen, mit Kartoffelpüree (sowie Ei, Mehl und Gewürzen) zu Gemüseküchlein formen und in der Pfanne braten. Bei letzterer Variante braucht man freilich Ersatzgemüse für Suppe oder Eintopf, das dann einfach in der verbliebenen Flüssigkeit bissfest gekocht wird.

3. Die Suppe/der Eintopf ist angebrannt

Die Suppe/der Eintopf ist angebrannt? Jetzt bloß keine Panik, sondern mit kühlem Kopf vorgehen. Damit der angebrannte Geschmack beim Umgießen in einen zweiten Topf nicht mitwandert, sondern zurückbleibt, stellt man den angebrannten Topf ein paar Minuten in möglichst eiskaltes Wasser. Erst dann die Suppe/den Eintopf in den neuen Topf geben. Den alten Topf nicht bis zum letzten Tropfen ausgießen und auf gar keinen Fall den angebrannten Satz vom Boden lösen.

4. Suppe oder Eintopf sind zu dünn

Sind die Suppe oder der Eintopf zu dünn, raspeln Sie 1 rohe, geschälte Kartoffel hinein und lassen diese garen. Durch die Raspel und die Kartoffelstärke wird die Suppe automatisch dicker. Alternativ können Sie einen Teil des Gemüses herausheben und pürieren. Dann das Püree in die Suppe rühren.

So gelingt's perfekt!

Die perfekte Cremesuppe herstellen

1. Gemüse waschen, schälen, putzen und in Stücke schneiden. Dann im Topf in etwas Öl oder Butter andünsten.

2. Mit wenig Brühe auffüllen und alles bei milder Hitze weich kochen.

3. Den Topf vom Herd nehmen, Sahne oder Milch hinzufügen und alles pürieren. Anschließend so viel heiße Brühe zugießen und unterrühren, bis die gewünschte Konsistenz erreicht ist.

4. Ganz am Ende, also erst kurz vor dem Servieren, abschmecken.

5. Tipp: Etwas steif geschlagene Sahne vor dem Servieren unterrühren. Das macht eine besonders feine, schaumige Konsistenz.

Weitere Tipps & Tricks

• **Suppen und vor** allem Eintöpfe müssen nicht zu Beginn, sondern am Ende ihrer Zubereitung richtig abgeschmeckt sein. Deshalb gilt: Insbesondere beim Salz, aber auch bei anderen Gewürzen, kann man sich langsam herantasten. Nicht gleich viel Salz hinzugeben, sondern zunächst nur leicht salzen und später nochmals abschmecken – denn „dazusalzen“ ist bekanntlich immer leichter als „wegsalzen“. Außerdem enthält die Brühe meist sowieso schon Salz, sodass in der Regel nur noch sehr wenig benötigt wird.

Salzarm

• **Für eine salzarme** Ernährung empfiehlt sich insbesondere bei Suppen und Eintöpfen das Würzen mit (gemahlenem) Liebstöckel. Suppe oder Eintopf schmecken dann gut und kräftig gewürzt, und man kann getrost auf einen beträchtlichen Teil des Salzes verzichten.

Spargelsuppe

• **Kocht man Spargel,** wird der Sud danach meist in den Ausguss gekippt. Eigentlich schade, denn er kann zu einer feinen Spargelsuppe verarbeitet werden. Dafür zusammen mit den Spargelschalen nochmals kochen (das verstärkt das Spargelaroma). Dann abseihen, mit Mehlbutter sämig binden, mit Salz und Pfeffer sowie anderen Aromen, Kräutern und Gewürzen nach Belieben abschmecken und mit Sahne oder Crème fraîche verfeinern.

Saucen & Fonds

Fond, Jus, Glace

Fonds sind die Basis vieler Suppen und Saucen und eine der Grundzutaten jeder guten Küche. Zwar gibt es durchaus gute Fonds als Fertigprodukte im Lebensmittelhandel, allerdings lohnt es sich, sie selbst zu kochen, denn es kann zum einen nicht viel schiefgehen, zum anderen können selbst gemachte Fonds eine kulinarische Wucht sein.

ACHTUNG

Das kann schiefgehen!

1. Auf dem Fond schwimmt eine Fettschicht

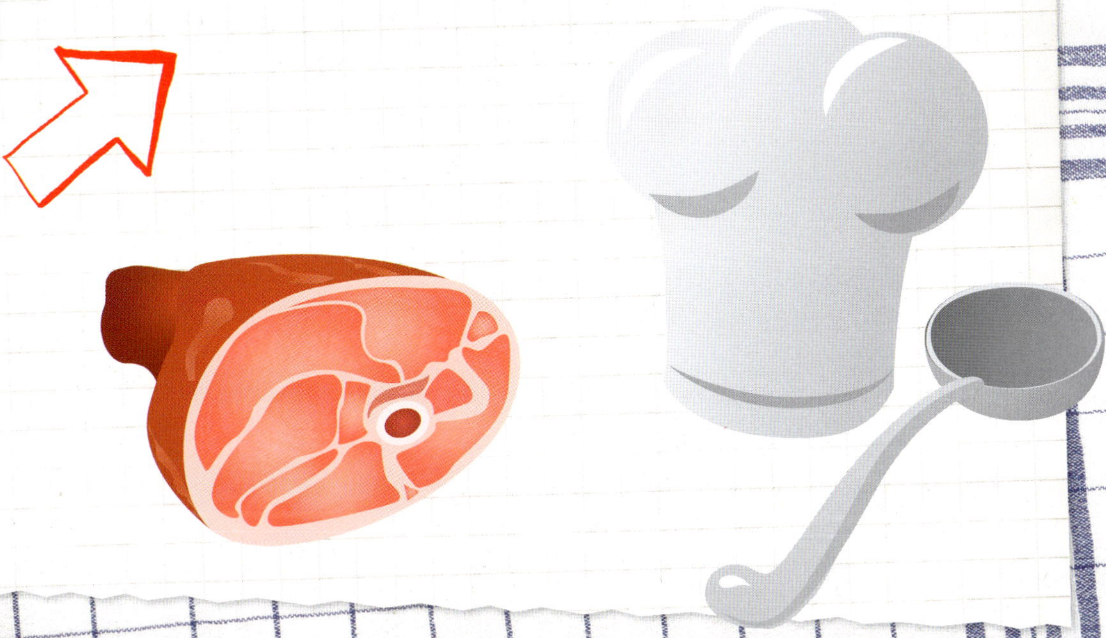

SOS Pannen Hilfe

1. Auf dem Fond schwimmt eine Fettschicht

Überschüssiges Fett, insbesondere bei Fleischfonds, sammelt sich an der Oberfläche an und setzt sich ab. Hat man ausreichend Zeit, dann ist das Entfetten ganz einfach: Erkaltet der Fond, wird das Fett wieder fest und kann problemlos entfernt werden. Das Entfetten im heißen Zustand ist etwas schwieriger. Man kann das Fett mit einem Löffel vorsichtig abschöpfen oder mit Küchenkrepp aufsaugen. Bei beiden Methoden geht allerdings immer auch etwas vom wertvollen Fond verloren.

Fond kalt entfetten

Fond heiß entfetten

- **Einen Fond kann** man ganz leicht so entfetten: den Fond in ein schmales, hohes Gefäß geben und etwas stehen lassen. Das Fett sammelt sich an der Oberfläche und kann ganz leicht abgeschöpft werden.

So gelingt's perfekt!

Der perfekte Fond

1. Einen Fond kann man aus Gemüse, Pilzen, Fleisch, Fisch, Geflügel, Lamm, Wild usw. gewinnen. Grundsätzlich kann man die meisten Grundzutaten für Fonds entweder anrösten oder roh in den Topf geben. Angeröstetes Gemüse und Fleisch – insbesondere Knochen – machen den Fond dunkler und aromatischer. Auf der anderen Seite kann es durchaus sinnvoll sein, Fleisch ins kalte Wasser zu geben, da es dann auslaugt und somit mehr Geschmack abgibt. Nie anbraten sollte man allerdings Fisch und seine Karkassen.

2. Zwiebeln, Möhren, Knollensellerie und Lauch sind die Grundlage für Fonds aller Art. Allerdings eignen sich auch die meisten anderen Gemüsesorten, außer Kartoffeln, zum Auskochen. Ebenfalls obligatorisch sind Kräuter und Gewürze wie Petersilie, Lorbeer, Piment, Pfeffer, Nelken, Wacholderbeeren oder Knoblauch.

3. Für die anderen genannten Fonds kommen entsprechend Pilze, Fleisch, Parüren, Karkassen, Knochen etc. hinzu. Sind die Zutaten im Topf, werden sie knapp mit Wasser bedeckt und einmal aufgekocht. Dann wird die Temperatur reduziert, sodass der Fond nur noch vor sich hin simmert. Je nach Fond (und Temperatur sowie anderen Faktoren) differiert die Kochzeit erheblich. Fisch- und Krustentierfonds benötigen zumeist nur gut eine halbe Stunde, während insbesondere dunklere Fleischfonds, die mit Knochen gekocht werden, schon einmal einen halben Tag sanft vor sich hin köcheln dürfen.

Am Ende der Kochzeit werden Fonds durch ein Sieb abgegossen. Je feiner das Sieb bzw. der Filter, desto klarer wird der Fond. Daher: Legen Sie das Sieb mit einem feuchten Küchentuch aus, so wird der Fond noch klarer. Zwar liest man immer wieder, man solle während des Kochens so oft wie möglich den sich bildenden Schaum abschöpfen, sonst ergebe sich kein klarer Fond, allerdings reicht die oben genannte Methode normalerweise völlig aus. Je nach Zweck wird der Fond, nachdem die festen Zutaten entfernt wurden, noch weiter reduziert und damit sein Geschmack intensiviert.

Geschmacksintensive Basis für unvergessliche Saucen: praktische Saucenhelfer

Jus, Demiglace und Glace

Fonds können eine Grundlage für geschmacksintensive Saucen sein, wenn sie mit anderen Flüssigkeiten (Wein etc.) reduziert und durch Aromen (Kräuter etc.) geschmacklich bereichert werden. Um vom „Ausgangsmaterial" Fond zum „Endergebnis" Sauce zu kommen und den Geschmack anzureichern, bietet sich an, den Fond in eine Jus oder Glace zu verwandeln.

Für eine Kalbsjus (die geläufigste Jus) geht man vor wie beim Aufsetzen eines Kalbsfonds. Die vorher im Backofen gerösteten Knochen kommen mit Röstgemüse und Kochfleisch in einen Topf und werden mit wenig Zucker bestäubt in wenig Öl angebraten. Nun mit Wasser, besser aber mit Kalbsfond, auffüllen und mindestens 1,5 Stunden simmern lassen. Anschließend abseihen und die Flüssigkeit weiter reduzieren. Dann erkalten lassen und das Fett abschöpfen.

Eine Demiglace entsteht durch die starke Reduktion eines Fleischfonds oder einer Jus (beide mit Knochen angesetzt), bis die Flüssigkeit leicht andickt. Zur Glace wird sie durch weitere Reduktion, bis sie eine sirupartige, zähflüssige Konsistenz annimmt. Nach dem Erkalten gelieren Demiglace und Glace weiter und werden halb oder fast ganz fest. Während des Reduzierens wird des Öfteren das Fett, das sich oben absetzt, vorsichtig abgeschöpft.

Weitere Tipps & Tricks

• **Ist ein Fond** nach der Fertigstellung doch einmal trüb, dann kann man auf zweierlei Art und Weise versuchen, ihn zu klären: erstens, indem man ihn durch ein Mulltuch passiert, und zweitens, etwas aufwendiger, indem man Hackfleisch (idealerweise fettarmes Rinderhack) mit Eiweiß mischt, in den erkalteten Fond gibt, diesen vorsichtig auf etwa 70 °C erwärmt und dann geraume Zeit ziehen lässt. Hackfleisch und Eiweiß binden die Trübstoffe. Zu guter Letzt wieder aus dem Fond entfernen. Leider kann man mit dem ausgelaugten Hackfleisch nicht mehr wirklich etwas anfangen, weswegen diese Methode als ebenso fragwürdig wie verschwenderisch einzustufen ist.

• **Fonds lassen sich** einfach in großen Mengen herstellen, die man aber oft nicht sofort benötigt. Fond kann man aber auch hervorragend in größeren Mengen einfrieren. Bei den geschmacksintensiven Jus, Demiglaces oder Glaces bietet sich dagegen das Einfrieren in kleinen Portionen an. Ideal dafür sind Eiswürfelbehälter oder -beutel.

Fleischfond

• **Wenn Sie einen** besonders kräftigen Fleischfond wünschen, dann halbieren Sie zwei oder drei Zwiebeln mit der Schale und braten Sie sie auf der Schnittfläche ohne Fett so scharf und lange an, bis sie sich dunkelbraun, fast schwarz verfärbt haben. Die angebratenen, fast angebrannten Zwiebeln geben extrem viel Geschmack und Farbe an den Fond.

• **Wenn Sie den** Fond im Topf kochen, einige Zutaten aber in der Pfanne anbraten, dann unbedingt den entstehenden Bratensatz mit Wasser loskochen und mit in den Topf geben – darin ist viel Geschmack enthalten.

Saucen

„Geschmack pro Liter“ ist die alles entscheidende Maßeinheit für Saucen. Eine gelungene Sauce hat – bei der richtigen Konsistenz – weder zu wenig noch zu viel Geschmack. Manche Saucen, wie Tomatensaucen zu Pasta, kochen am besten stundenlang, damit Konsistenz und Geschmack stimmen. Und auch Fonds und die daraus resultierenden Saucen brauchen, neben etwas Fingerspitzengefühl beim Würzen, vor allem eins: Zeit. Für viele Saucen reicht das geduldige Einkochen jedoch nicht, um die gewünschte Konsistenz zu erhalten. Sie müssen vielmehr gebunden werden. Das Binden ist der kritische Augenblick für jede Sauce – und dabei kann tatsächlich am meisten schiefgehen.

ACHTUNG

Das kann schiefgehen!

1. Die Sauce ist zu dickflüssig
2. Die Sauce ist zu dünnflüssig
3. Die Sauce ist versalzen
4. Die Sauce ist ölig/fettig
5. Die Sauce schmeckt mehlig
6. Die Sahnesauce flockt aus
7. Die Mayonnaise gerinnt
8. Es bilden sich Klümpchen in der Sauce
9. Die Sauce ist angebrannt
10. Die Hollandaise ist geronnen

SOS Pannen Hilfe

1. Die Sauce ist zu dickflüssig

Ganz einfach mit Fond, Wasser oder einer anderen Flüssigkeit, die zu der Sauce passt oder sowieso in ihr enthalten ist, z. B. Wein, verdünnen. Dann noch einmal abschmecken, denn je nachdem fehlt es nun an Würze.

2. Die Sauce ist zu dünnflüssig

Zu dünne Saucen sind ein echtes Ärgernis, nicht zuletzt, weil sie zumeist auch etwas dünn schmecken. Hier gibt es bei verschiedenen Saucen auch verschiedene Methoden:

- Eine Tomatensauce zur Pasta muss weiter eingekocht werden. Dafür einfach bei kleiner Hitze und ohne Deckel so lange simmern lassen, bis die gewünschte Konsistenz erreicht ist.
- Bei vielen Saucen für Braten oder Fisch gibt es eine einfache, schmackhafte, mitunter aber ziemlich kalorienreiche Methode der Saucenbindung: das Montieren mit Butter. Dafür in eine nicht mehr kochende Sauce kleine Würfel eiskalter Butter mit dem Schneebesen einrühren, bis die Sauce bindet. Sofort servieren, da sich nach einiger Zeit diese Emulsion wieder löst. Diese Methode eignet sich vor allem für kleinere Mengen Sauce; möchte man viel Sauce so binden, benötigt man schnell ganze Päckchen Butter.
- Einfach und relativ risikolos ist das Binden mit Mehlbutter: dafür einfach Mehl und Butter im Verhältnis 1:1 verkneten und kalt in die heiße Sauce rühren.
- Natürlich eignet sich auch Speisestärke zum Binden. Sie muss allerdings immer in wenig kaltem Wasser angerührt werden, bevor sie in die kochende Sauce eingerührt wird, sonst bilden sich Klümpchen. Doch Achtung: Die Bindungskraft ist sehr hoch. Dosieren Sie die angerührte Stärke also sehr vorsichtig. Nach rund 2 Minuten weiterer Kochzeit können Sie beurteilen, ob Sie noch einen Teelöffel einrühren, und so weiter. Gehen Sie energischer vor, kann es schnell passieren, dass die Sauce zu dick wird.
- Auch eine hineingeraspelte rohe Kartoffel sorgt für Bindung. Allerdings benötigt diese natürlich noch etwas mehr Kochzeit, denn schließlich müssen die Raspel noch garen.
- Es müssen nicht immer Mehl, Butter und Co. sein. Hat man etwa einen Braten mit viel Röstgemüse gekocht, dann benötigt man eventuell gar kein weiteres Bindemittel. Es genügt, einen Teil des Gemüses mit etwas Sauce zu pürieren – und schon bindet sie sich gewissermaßen selbst.
- Das Legieren mit Eigelb: Dafür Eigelb mit etwas Sahne verrühren, ein wenig heiße Sauce unterrühren, erst dann das Gemisch unter den Rest der Sauce rühren. Bei 75 °C legiert die Sauce dann, ab rund 85 °C gerinnt sie. Achtung also, für das Legieren braucht man viel Fingerspitzengefühl oder ein gutes Küchenthermometer.

3. Die Sauce ist versalzen

Beim Thema „versalzene Sauce" kommt es auf den Grad der Übersalzung an – und natürlich darauf, um welche Art Sauce es sich handelt. Ein Patentrezept und eine Erfolgsgarantie gibt es freilich nicht. Bei manchen Saucen kann es eine Möglichkeit sein, sie mit einer salzlosen Zutat zu strecken und so die Verhältnisse zu korrigieren. Ist das nicht möglich, dann kann man versuchen, mit etwas Süße (beispielsweise Honig) oder Säure (beispielsweise Orangensaft) den übertriebenen Salzeinsatz zu kaschieren. Auch Milch und Milchprodukte, wie Sahne oder Crème fraîche, mildern den Salzgeschmack ab. Eine clevere Möglichkeit besteht zudem darin, 1 geschälte Kartoffel am Stück oder ein Säckchen mit Reis in die Sauce zu geben und ein paar Minuten mitzukochen. Kartoffeln und Reis saugen das Salz auf und können so für die Rettung der Sauce sorgen.

4. Die Sauce ist ölig/fettig

Ist die Sauce zu ölig oder fettig und nicht für den sofortigen Verzehr vorgesehen, dann kann man sie abkühlen lassen und das wieder fest gewordene Fett bequem entfernen. Muss es schnell gehen, da sie gleich serviert werden soll, dann bietet sich folgender Trick an: Einige Eiswürfel in ein sauberes, dünnes Tuch einschlagen und damit über die Oberfläche der Sauce fahren. Das Fett wird durch die Kälte fest und wird am Tuch gebunden.

5. Die Sauce schmeckt mehlig

Eine mit Mehl gebundene Sauce schmeckt eine Zeit lang mehlig, dann verschwindet der Mehlgeschmack langsam, aber sicher. Eine mehlig schmeckende Sauce braucht also einfach noch ein wenig mehr Zeit.

6. Die Sahnesauce flockt aus

Sahnesaucen oder ihnen verwandte Saucen mit Milchprodukten, wie Milch, Joghurt, Schmand, Crème fraîche oder saure Sahne, flocken unter bestimmten Bedingungen aus. Drei Gründe kann es dafür geben: Der Fettgehalt ist zu niedrig, die Temperatur zu hoch oder es ist zu viel Säure zugegeben worden. Ist die Sauce ausgeflockt, kann man einen Rettungsversuch starten, indem man sie mit dem Pürierstab aufmixt. Auch 2 Esslöffel Sahne mit 1 Teelöffel Stärke in die Sauce zu rühren und das Ganze einmal aufwallen zu lassen und anschließend aufzumixen, kann zum Erfolg führen. Generell gilt:

- Sparen Sie bei einer hellen (Sahne-) Sauce nicht zu sehr am Fettgehalt (Beispiel: fettarmen Joghurt verwenden), denn als Faustregel gilt: Je mehr Fett, desto unwahrscheinlicher ist das Ausflocken.

SOS Pannen Hilfe

- Zu hohe Temperaturen verändern die Eiweißstrukturen. Sahnige Saucen also nicht zu stark kochen, sondern immer nur sanft köcheln lassen. Hier gilt die Faustregel: Je weniger Fett die Sauce enthält, desto weniger Temperatur verträgt sie auch.
- Auch zu viel Säure verändert die Eiweißstruktur und lässt Saucen gerinnen. Gehen Sie deshalb sparsam mit Wein, Zitronensaft und Co. um.

7. Die Mayonnaise gerinnt

Eine geronnene Mayonnaise ist ein ernsthaftes, aber nicht unlösbares Problem: 1 Eigelb (gegebenenfalls mit Salz und Senf) aufschlagen, kurz stehen lassen und dann ganz langsam die geronnene Mayonnaise tröpfchenweise unterschlagen. Hauptsächlich zwei Gründe sind meist dafür verantwortlich, dass eine Mayonnaise gerinnt: Entweder sind die Zutaten zu kalt – sie sollten allesamt zimmerwarm sein – oder aber das Öl wurde zu forsch zugegeben. Dieses sollte zuerst nur tröpfchenweise zugegeben werden, anschließend in ganz dünnem Strahl und vor allen Dingen unter ständigem Rühren!

8. Es bilden sich Klümpchen in der Sauce

Vor allem in mit Mehlschwitze zubereiteten und mit Ei gebundenen Saucen können sich Klümpchen bilden. Am besten passieren Sie diese Saucen durch ein feines Sieb. Ein Pürieren der Sauce kann auch helfen, je nach Sauce aber auch dazu führen, dass die Konsistenz nicht mehr passt und die Sauce „seifig" wird.

9. Die Sauce ist angebrannt

Bei einer angebrannten Sauce hilft nur eins: sofort in einen sauberen Topf umfüllen, auf gar keinen Fall die angebrannte Schicht lösen. Einen leichten angebrannten Geschmack kann man eventuell mit etwas Säure kaschieren. Ist der angebrannte Geschmack zu stark durchgedrungen, dann war die Mühe umsonst.

10. Die Hollandaise ist geronnen

Dass eine Hollandaise gerinnt, kann zwei Gründe haben. Erstens: Sie wurde zu stark erhitzt, und deshalb ist das Eigelb geronnen. In diesem Fall ist nichts zu reparieren – die Sauce muss neu aufgesetzt werden. Zweitens: Die Butter wurde in zu großen Portionen zu schnell eingerührt. In diesem Fall kann man mit 1 Ei und etwas Flüssigkeit die Sauce neu ansetzen und dann nach und nach die geronnene Hollandaise unterrühren.

Weitere Tipps & Tricks

Nach dem Binden einer Sauce sollte man sie immer noch einmal abschmecken, denn durch das jeweilige Bindemittel kann Geschmack verloren gehen.

- **Sieht eine Sauce** farblich eher fade aus, kann man sie mit stark färbenden Zusätzen wie Kurkuma, Rote-Bete-Raspeln oder Zuckercouleur farblich aufpeppen.

- **Ein nicht ganz** astreiner Instant-Trick, der aber leicht gelingt: Viele Saucen (wie übrigens auch Suppen) kann man im Handumdrehen binden, indem man etwas Kartoffelpüreepulver aus der Fertigpackung einrührt.

Hilfsmittel

- **Für das Entfetten** von Fonds und Saucen gibt es spezielle Fettscheidekannen und Entfettungs-Saucieren. Die Sauce fließt aus einem tief liegenden Ausguss, das oben schwimmende Fett wird zurückgehalten. Ein durchaus empfehlenswertes Hilfsmittel, allerdings nur, bis die Fettschicht auf Höhe des Ausgusses gelangt. Achtung also beim Servieren der Sauce!

Béchamel

- **Wenn Sie einmal** Béchamelsauce übrig oder zu viel haben, dann ist das kein Grund, sie wegzuwerfen. In kleinen Portionen eingefroren, kann man sie hervorragend zum Binden heller Saucen verwenden. Dafür einfach auftauen und kalt in die heiße Sauce rühren.

Eier, Milch & Milchprodukte

Milch & Milchprodukte

ACHTUNG

Das kann schiefgehen!

1. Die Milch kocht im Topf über oder brennt an
2. Die Sahne wird nicht steif

1. Die Milch kocht im Topf über oder brennt an

Wer kennt das nicht? Einen Augenblick hat man nicht aufgepasst, und schon kocht die Milch über. Der Grund: Auf der Milchoberfläche bildet sich schnell eine dünne Haut, darunter kommt es zum Hitzestau – und dann zum Ausbruch des Milchvulkans. Dagegen soll angeblich helfen, vorher etwas kaltes Wasser in den Topf zu geben – was sich in der Praxis allerdings nur unzureichend bestätigt. Auch den Topfrand mit etwas Butter einzustreichen oder ein wenig Zucker in die Milch zu geben, soll das Schlimmste verhindern. Gegen Anbrennen hilft tatsächlich eine Murmel. Gibt man sie von Anfang an in den Topf, bewirken ihre Bewegungen in der simmernden Flüssigkeit etwas Ähnliches wie Umrühren. So setzt sie nicht so schnell an. Am sichersten ist aber: die Milch nicht auf höchster Stufe, sondern bei mittlerer Hitze zum Kochen bringen, währenddessen viel umrühren und den Topf nicht aus den Augen lassen.

Einmal angebrannte Milch ist, wenn überhaupt, nur im Anfangsstadium durch Umschütten zu retten. In diesem Fall etwas Vanillezucker in die zu rettende Milch geben, er kann bis zu einem gewissen Grad angebrannten Geschmack neutralisieren.

2. Die Sahne wird nicht steif

Klingt einfach, entpuppt sich manchmal aber als ein Ding der Unmöglichkeit: Sahne steif schlagen. Dass die Sahne einfach nicht fest werden will, hat fast immer nur einen Grund: zu hohe Temperaturen. Mindestens die Sahne muss gut gekühlt sein, besser auch die Schüssel und das Rührgerät. Und auch in der prallen Sonne oder überheizten Stube sollte man keine Sahne schlagen – sondern idealerweise in einem kühlen Raum, weswegen es früher nicht ungewöhnlich war, dass Koch oder Köchin nicht zum Lachen, sondern zum Sahneschlagen in den Keller gingen. Falls das nicht möglich ist: Haben Sie bei sommerlichen Temperaturen nicht den Ehrgeiz, die Sahne ganz steif zu schlagen. Zu schnell kippt sie um und flockt dann aus. Begnügen Sie sich dann eher mit einer Schlagsahne, die nicht ganz so fest ist. Aber falls Sie doch richtig steif geschlagene Sahne benötigen: Verwenden Sie in diesem Fall Sahnesteif.

So merken Sie, dass die Sahne wirklich steif ist:
Ein Messerschnitt muss in der Sahne deutlich sichtbar bleiben und darf nicht wieder zulaufen. Mutige halten sich das Rührgefäß mit der Sahne umgekehrt über den Kopf. Bleibt die Sahne im Rührgefäß, ist sie steif.

Eier

So gelingt's perfekt!

Das perfekte Rührei

1. Verquirlen Sie Eigelb und Eiklar nur ansatzweise, sodass beides nicht vollständig miteinander vermischt ist.

2. Mit 1 Schuss Sahne oder Milch und 1 Schluck Mineralwasser erhält das Rührei eine besonders cremige, beziehungsweise lockere Konsistenz.

3. Butter in einer Pfanne bei mäßiger Hitze (hohe Temperaturen schaden) zerlassen und die Eimasse hineingeben. Nicht ständig rühren, sondern das Rührei von Zeit zu Zeit geduldig und behutsam mit einem Pfannenwender vor sich her schieben. Hohe Hitze und hektisches Rühren machen das Rührei trocken und dröge, sanft geschoben bleibt es fluffig und saftig.

Weitere Tipps & Tricks

• **Wenn Eiweiß zu** Eischnee werden soll, sind einige Punkte zu beachten: Es darf weder Fett noch Eigelb in der Schüssel oder am Quirl sein. Ist das Eiweiß kühlschrankkalt, dann gelingt es am besten. Mit 1 Spritzer Zitronensaft, 1 Prise Salz oder 1 Messerspitze Backpulver wird das Eiweiß erstens schneller fest und zweitens steifer als ohne. Zucker in bereits halbfesten Eischnee zu geben, hält ihn später stabil. In diesem Fall so lange weiterquirlen, bis sich die Zuckerkristalle aufgelöst haben und der Eischnee vollkommen fest ist.

• **Wenn man nicht** sicher ist, ob Eier noch frisch oder schon betagt sind, dann hilft ein einfacher Frischetest: Dafür einfach ein Ei in ein mit Wasser gefülltes Glas geben. Bleibt es am Boden des Glases liegen, dann ist es frisch. Steht es aufrecht im Glas, dann ist es rund zwei Wochen alt und völlig unbedenklich. Steigt es aber an die Wasseroberfläche, dann hat es seine besten Tage bereits hinter sich und ist wahrscheinlich nicht mehr genießbar und guten Gewissens verzehrbar. Der Grund dafür: Je älter ein Ei wird, desto größer wird die Luftblase in seinem Inneren, und damit wird der Auftrieb immer stärker.

Mit noch weniger Aufwand, aber nicht ganz so sicher, kann man die Frische eines Eis auch durch einfaches Schütteln ermitteln. Ist sehr wenig Luft darin, dann sollte man nichts hören. Ist es dagegen schon älter und die Luftblase groß, dann hört man eine Art verräterisches Glucksen, denn Eigelb und Eiweiß haben viel Platz, um sich bewegen zu können.

Fische & Meeresfrüchte

ACHTUNG
Das kann schiefgehen!

1. Der Fisch riecht unangenehm
2. Der Fisch zerfällt beim Garen
3. Der Fisch ist zwar außen knusprig, innen aber noch roh
4. Fisch blau verändert nicht die Farbe

SOS Pannen Hilfe

1. Der Fisch riecht unangenehm

Hier geht es um eine Gratwanderung. Bei leicht unangenehmem Geruch leistet Zitronensaft gute Dienste. Riecht der Fisch allerdings zu streng, ist er nicht mehr frisch und man sollte sowieso die Finger davon lassen. Heutzutage sind die Kühlmöglichkeiten deutlich besser als früher – Fisch bleibt also länger frisch. Und so gibt es nicht wenige Fischfreunde, die die Verwendung von Zitronensaft auch kategorisch ablehnen, da die Säure den zarten Fischgeschmack ihrer Meinung nach zu stark überlagert. Schlussendlich bleibt es Ihnen und Ihrem Geschmack überlassen – viele finden nämlich auch, dass Zitronensaft Fisch einen aromatischen Frische-Kick verleiht.

2. Der Fisch zerfällt beim Garen

Wenn Fisch beim Garen zerfällt, so ist er zu durchgegart – eine Pannenhilfe gibt es in diesem Falle nicht. Sie müssen daher mit dem optisch weniger ansprechenden und geschmacklich tendenziell zu trockenen Ergebnis vorliebnehmen. Beim nächsten Mal: frühzeitiger den Gargrad prüfen. Wie das geht, erfahren Sie bei den *Tipps & Tricks*.

3. Der Fisch ist zwar außen knusprig, innen aber noch roh

Wenn Fisch außen knusprig, innen aber noch roh ist, muss er noch mal vorsichtig in die Pfanne gelegt und bei milder Hitze zu Ende gegart werden. Natürlich ist es immer ärgerlich, wenn das erst nach dem Servieren bemerkt wird – schließlich werden beim Nachgaren des Fisches die Beilagen kalt. Überprüfen Sie beim nächsten Mal daher den Gargrad mithilfe eines metallenen Spießchens *(siehe Tipps & Tricks)*.

4. Fisch blau verändert nicht die Farbe

Beim Blaukochen ist es wichtig, dass die äußere Schleimschicht des Fisches intakt ist. Sie ist es nämlich, die sich in Verbindung mit Säure bläulich verfärbt. Eine Pannenhilfe gibt es daher in diesem Fall nicht – nachdem der Fisch gar ist, können Sie ihn aber problemlos verzehren. Geschmacklich macht die Farbe keinen Unterschied. Beim nächsten Mal: penibel darauf achten, die Schleimschicht nicht zu beschädigen. Außerdem ist diese bei ganz frischem Fisch intakter als bei länger gelagertem. Je frischer der Fisch, desto besser also das Ergebnis.

Fisch wird schön knusprig, wenn er vor dem Braten hauchdünn mit Mehl bestäubt wird.

So gelingt's perfekt!

Die perfekte Forelle blau

1. Zuerst wird aus Suppengemüse, Wasser, Weißwein, Gewürzen und Zitronensaft oder Essig ein Fond hergestellt. Dafür alles ca. 30 Minuten köcheln lassen, dann durch ein Sieb passieren und die aromatische Brühe auffangen.

2. Die Forellen müssen eine intakte Schleimschicht auf ihrer Haut haben. Die Fische daher vorsichtig behandeln! Innen gründlich waschen, salzen und nach Belieben die Bauchhöhle mit frischen Kräutern füllen.

3. Den Fond aufkochen, dann die Hitze reduzieren, bis die Flüssigkeit nur noch simmert. Die Forellen einlegen und ca. 15 Minuten gar ziehen lassen. Sie sollten während der Garzeit vollständig von Fond umgeben sein. Wer möchte, kann die Forellen auch in Form binden: dafür Küchengarn um die Kiemen und die Schwanzflosse legen. Mit sanftem Druck zusammenbinden, bis die Forelle halbrund gekrümmt ist. Auch hier allerdings unbedingt darauf achten, dass sie beim Garen vollständig von Fond umgeben ist.

Weitere Tipps & Tricks

Fisch schuppen

- **Bei gebratenem Fisch** schmeckt die kross gebratene Haut oftmals besonders lecker – damit das Vergnügen nicht getrübt wird, sollte der Fisch vorher allerdings immer gründlich geschuppt werden. Hierfür hält man ihn an der Schwanzflosse fest und streicht mit dem Messerrücken kräftig vom Schwanz in Richtung Kopf. Lassen sich die Schuppen nur schwer lösen, können Sie den Fisch mit kochendem Wasser übergießen und anschließend eiskalt abschrecken. Alternativ können Sie ihn kurz in Essigwasser legen. Letzteres empfiehlt sich allerdings nur bei ganzen Fischen – sonst würde über die Bauchhöhle zu viel Essiggeschmack in das Fleisch eindringen. Damit die Schuppen nicht in der Küche herumfliegen, schuppen Sie den Fisch am besten in der Spüle unter fließendem kalten Wasser.

- **Fisch wird in** der Regel nach der 3-S-Regel zubereitet: Säubern, Säuern, Salzen. Lassen Sie sich ganzen Fisch am besten vom Fischhändler ausnehmen und schuppen. Zu Hause wird der Fisch nochmals abgespült, aus dem Filet werden noch vorhandene Gräten entfernt. Anschließend tupfen Sie den Fisch mit Küchenkrepp trocken und beträufeln ihn mit etwas Zitronensaft. So bekommt er frisches Aroma und das Fischfleisch wird etwas fester. Anschließend mit Salz würzen – dies allerdings maximal 10 Minuten vor der Zubereitung. Salz entzieht dem Fisch Wasser, wird er zu lange vor dem eigentlichen Garen gesalzen, kann er zäh und trocken werden.

So erkennen Sie frischen Fisch:

- Er riecht frisch und nach Meer, niemals ranzig und unangenehm.
- Er hat glänzende, nach vorne gewölbte Augen, eine feste, pralle Haut ohne Druckstellen oder Verfärbungen und leuchtend rote Kiemen.
- Wenn Sie auf die Haut drücken, fühlt sich das Fleisch fest an, es darf keine Druckstelle entstehen. Vor dem Kauf wird Ihnen dieser Drucktest allerdings aus hygienischen Gründen nicht gestattet werden. Kaufen Sie daher beim Fischhändler Ihres Vertrauens …

Fisch und hohe Temperaturen vertragen sich nur bedingt …

- daher sollte Fisch besser pochiert oder gedünstet als gekocht werden. Pochieren nennt man ein Garverfahren in Flüssigkeit in siedendem, nicht kochendem Wasser. Durch das starke Sprudeln des kochenden Wassers zerfällt Fisch schneller.
- Beim Grillen und Braten sollte Fisch immer mal wieder mit Öl bepinselt werden, damit er nicht austrocknet. Generell empfiehlt es sich, Fischfilets auf der Hautseite kross anzubraten, dann die Temperatur zu reduzieren und anschließend auf der Fleischseite gar ziehen zu lassen.
- Beim Grillen oder Backen im Ofen kann Fisch durch umgewickelte Speckscheiben nicht nur vor dem Austrocknen bewahrt werden. Die Scheiben halten ihn auch schön in Form und sind kross gebacken immer eine leckere Ergänzung zum zarten und eher sanften Fischgeschmack.

- **Garprobe leicht gemacht:** Bei ganzen Fischen ziehen Sie sachte an der Rückenflosse. Löst sich diese leicht vom Fleisch, ist der Fisch gar. Bei Fischfilets stecken Sie einen Schaschlikspieß, eine Rouladennadel aus Metall oder einfach ein spitzes Messer für ca. 8 Sekunden in die dickste Stelle des Fisches. Dann halten Sie Nadel oder Spieß vorsichtig und kurz an die Oberlippe. Fühlt sich das Metall warmheiß an, ist der Fisch gar.

Fischhändler

- sollten ihre Ware immer auf ausreichend Eis und mit etwas Eis bedeckt gelagert haben. Niemals dürfen Fische in Schmelzwasser liegen.
- sollten besser weniger Ware vorrätig haben und abends gut ausverkauft sein. Das ist das beste Indiz für frischen Fisch.

- **Damit im Ganzen** gebratener Fisch gleichzeitig gart und damit Gewürze besser eindringen können, empfiehlt es sich, ihn auf der Hautseite mehrfach quer einzuschneiden. Die Einschnittstellen können sehr gut mit Kräutern und unbehandelten Zitronenscheiben gespickt und anschließend mit etwas Öl eingepinselt werden.

Weitere Tipps & Tricks

Muscheln

- sollten vor dem Garen fest geschlossen sein. Geöffnete Exemplare sollten sich beim sachten Klopfen auf die Schale wieder schließen. Falls das nicht geschieht: unbedingt entfernen, die Muschel sollte nicht mehr verzehrt werden.
- sollten in gegartem Zustand immer geöffnet sein. Geschlossene Exemplare immer entfernen, sie sollten nicht mehr verzehrt werden.
- Planen Sie beim Muschelkauf immer einige Exemplare ein, die aussortiert werden müssen, und kaufen Sie daher immer etwas mehr, als im Rezept angegeben.

Oktopus

- gerät wunderbar zart, wenn Sie ihn bei milder Hitze in leicht gesäuertem Wasser ca. 60 Minuten garen (bei den kleineren Tintenfischarten wie Sepias oder Kalmaren ist dies nicht nötig). Danach kann er zerteilt werden und zum Beispiel noch mal auf den Grill kommen oder direkt zu Salat verarbeitet oder in Fischtöpfe eingelegt werden.
- Vor dem Kochen muss immer das harte Kauwerkzeug herausgedrückt werden. Die dunkle Haut kann hingegen nach dem Kochen besonders leicht abgestreift werden.

- Kleine Reste der dunklen Haut können ruhig am Fleisch haften bleiben, sie beeinträchtigen nicht den Geschmack und können sogar ganz dekorativ aussehen.

Garnelen …

- sollten vor der Zubereitung immer entdarmt werden, da sonst Bitterstoffe den Geschmack trüben können. Der Darm sitzt auf dem hinteren oberen Ende des Tieres. Es muss also erst die Schale entfernt werden: dafür den Kopf vorsichtig abschneiden oder -drehen. Dabei darauf achten, dass möglichst wenig Fleisch verloren geht. Dann mit beiden Daumen in der inneren, gekrümmten Seite die Schale vorsichtig auseinanderziehen und das Fleisch herausheben. Die Schwanzflosse kann nach Belieben am Tier belassen werden. Sie sieht dekorativ aus, und falls die Tiere als Fingerfood verzehrt werden, können sie daran gehalten werden. Nun auf der äußeren Seite hinten mit einem scharfen Messer leicht einschneiden und den Darm vorsichtig herausschaben. Anschließend die Garnelen unter fließendem kalten Wasser abspülen und trocken tupfen.
- sind gar, wenn sie sich rosa-orange verfärbt haben. Sie sollten nicht länger als nötig garen, sonst können sie zäh werden.
- sollten immer roh, also grau oder bläulich, eingekauft werden. Bereits gegarte, rötliche Exemplare werden durch nochmaliges Erwärmen schnell zäh.

Geflügel

Bei Geflügel ist aufgrund der Salmonellengefahr Hygiene das oberste Gebot. Dreierlei sollte im Umgang mit Geflügel unbedingt bedacht werden:

1. Tiefgekühltes Geflügel nur im Kühlschrank auftauen. Man legt es in ein Sieb über eine Schale und fängt so die sich bildende Flüssigkeit auf (nicht weiterverwenden, sondern unbedingt wegschütten). Abschließend alles gut reinigen.
2. Alle Küchengeräte, beispielsweise Messer, Schneidebretter sowie die Arbeitsplatte oder Schüsseln, müssen nach dem Kontakt mit rohem Geflügelfleisch gründlich gereinigt werden, bevor damit/dort beispielsweise Gemüse geschnitten wird.
3. Die Kerntemperatur von Geflügel ist höher als bei anderen Fleischsorten. Erst dann kann man sichergehen, dass Keime wie Salmonellen abgestorben und damit unschädlich gemacht sind (Salmonellen sterben ab, wenn die Temperatur mindestens 10 Minuten lang 70 °C und mehr beträgt).

ACHTUNG

Das kann schiefgehen!

1. Das Geflügelfleisch ist trocken

1. Das Geflügelfleisch ist trocken

SOS Pannen Hilfe

Gart man mageres Geflügelfleisch zu lange, so wird es automatisch trocken. Eine wirkliche Pannenhilfe gibt es in diesem Fall nicht mehr. Allerdings kann das zu trocken geratene Fleisch so verwendet werden, dass der Mangel kaschiert wird:

- Sie können es in mundgerechte Stücke schneiden und in einer aromatischen Tomatensauce einlegen. Mit knusprigem Ciabatta serviert, fällt in dieser Mischung kaum auf, dass das Fleisch eigentlich ein wenig zu trocken geraten ist.
- Würfeln Sie das Fleisch und verwenden Sie es als Füllung für eine Pie oder eine Quiche. Auch hier gilt: In Kombination mit aromatischer Sauce oder Guss sowie anderen Zutaten wird die Trockenheit kaschiert.

Damit Sie gar nicht erst in diese Verlegenheit kommen: Die fettreiche Geflügelhaut schützt das Fleisch ebenso vor dem Austrocknen wie ein Umwickeln mit Speckstreifen. Wer also Geflügel grillt oder brät, sollte am besten die Haut dranlassen. Ansonsten gilt: Behalten Sie das Geflügel im Auge und garen Sie es nur so lange wie nötig. Die Kerntemperatur sollte 80 °C betragen. Hühnchen, Ente und Truthahn sind dann durch, die Gans ist leicht medium. Sie ist erst bei 90 °C durchgegart.

So gelingt's perfekt!

Das perfekte Brathähnchen

1. Ein küchenfertiges, gesäubertes Huhn, aus dem ein perfektes Brathähnchen werden soll, gelingt am besten im Herd mit Grillfunktion oder im Kugelgrill. Dabei liegt es idealerweise nicht auf der Haut auf, damit es rundherum gleichmäßig garen und knusprig werden kann. Von der inzwischen weitverbreiteten Methode, den „Broiler" auf eine Bierdose aufzupflocken, ist energisch abzuraten. Druckerfarben, Lacke und andere Substanzen, mit denen die Dosen beschriftet und beschichtet sind, können sich bei starker Hitze lösen und ins Fleisch übergehen. Stattdessen empfiehlt sich die Verwendung eines „Hähnchensitzes", den man im gut sortierten Haushalts- oder Grillfachhandel bekommt. Praktischerweise verfügt so ein Sitz über eine Auffangschale. In die Kammer des Hähnchensitzes etwas Bier, eventuell mit Kräutern oder Gewürzen aromatisiert, füllen. Der aufsteigende Dampf macht das Hähnchen zart und aromatisch.

2. Wird kein Hähnchensitz verwendet, so kann das Hähnchen wunderbar mit Kräutern oder unbehandelten Zitronen gefüllt werden. Das macht das Fleisch ebenfalls aromatisch und zart.

3. Je nach Rezept wird das Hähnchen mariniert – meist ca. 1 Stunde vor dem eigentlichen Garen. Bei der Marinade ist zu beachten, dass das in Sachen Brathähnchen sehr beliebte Paprikapulver, ob mild oder scharf, bei starker Hitze verbrennt und bitter wird. Eine Alternative zum klassischen Marinieren ist das Unterschieben von Kräutern oder Zitronenscheiben zwischen Haut und Fleisch. Machen Sie hierfür mit einem spitzen Messer kleine Einschnitte und heben Sie die Haut vorsichtig ab. Dann die Kräuter etc. unterschieben – sehr lecker.

4. Etwa 20 Minuten vor dem Garende kommt im Backofen der Grill zum Einsatz. Wird das Hähnchen während der verbleibenden Zeit mehrfach mit einer leicht zähflüssigen Marinade aus verdünntem Honig (z. B. mit Sojasauce und Butter) und Gewürzen (Salz, Paprika etc.) eingepinselt, bekommt es eine besonders knusprige, krosse Haut.

Weitere Tipps & Tricks

• **Die Entenbrust ist** ein wunderbares Stück Fleisch, das allerdings etwas empfindlich auf Hitze reagiert. Eben noch nicht gar genug, ist sie bald schon durch und kurz danach viel zu trocken. Deswegen bietet sich hier wiederum die Niedrigtemperaturmethode an, mit der die Entenbrust herrlich zart und gleichmäßig rosa gerät. Dafür die Entenbrust auf der Fettseite karoartig einschneiden, jedoch nicht bis ins Fleisch. Gegebenenfalls wie gewünscht aromatisieren und würzen. Auf der Fettseite bei starker, aber nicht zu starker Hitze etwa 5 Minuten anbraten, dann wenden und auf der Fleischseite kurz, etwa 1 Minute, anbraten. Dann bei 80 °C (auf der Fleischseite, möglichst in der Pfanne oder auf Alufolie) in den Ofen geben und rund 30–45 Minuten garen. Im Vergleich mit dem herkömmlichen Braten/Backen bei erheblich höheren Temperaturen sollte die Entenbrust auf diese Weise außen wie im Kern gleichmäßig rosa gelingen.

Gans

• **Wer kennt das** nicht: Bei einer Martinsgans ist die Vorfreude leider oft größer als der tatsächliche Genuss. Der Grund: Das Geflügel ist trotz aller Liebesmühe am Ende wieder einmal eine ziemlich trockene Angelegenheit. Saftiger gelingt die Gans im Ofen mit der Niedrigtemperaturmethode. „Gans langsam" benötigt allerdings etwas Zeit. Dafür die Gans nach Rezept vorbereiten und füllen. Die Gans bei etwa 220 °C etwa 1 Stunde im Ofen garen, zwischenzeitlich einmal wenden, dann die Temperatur auf 80 °C reduzieren und, je nach Größe, zwischen 7 und 9 Stunden zu Ende garen. Am Ende der Garzeit eventuell die Haut unter dem Grill knusprig backen.

• **Eine Garprobe bei** einem wie auch immer zubereiteten ganzen Huhn kann man wie folgt durchführen: am Schenkel in der dicksten Stelle in das Fleisch stechen. Tritt nur klarer, ganz und gar nicht mehr blutiger Fleischsaft aus, dann ist es gar und sollte sich leicht vom Knochen lösen.

Fleisch

Steaks

ACHTUNG

Das kann schiefgehen!

1. Das Steak wird hart und zäh
2. Das Steak ist außen stark gebräunt und innen noch roh
3. Das Steak schmeckt nach nichts
4. Das Steak ist versalzen
5. Beim Braten bildet sich Wasser in der Pfanne
6. Das Steak verformt sich beim Braten

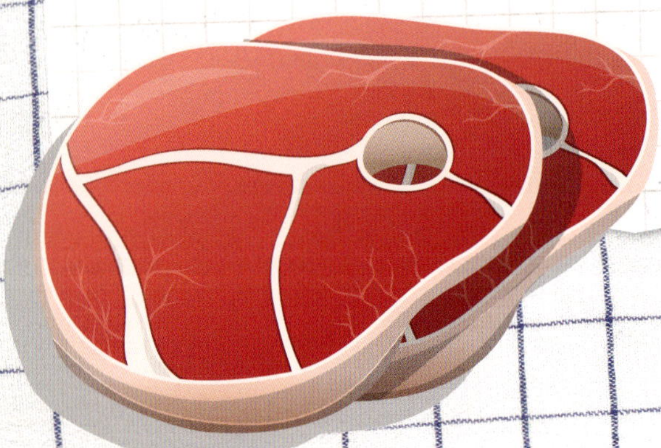

1. Das Steak wird hart und zäh

Ist ein Steak hart oder zäh, dann kann das verschiedene Gründe haben: Die Fleischqualität lässt zu wünschen übrig, das Fleisch ist nicht lange genug abgehangen, es ist zu dünn geschnitten, kam zu kalt oder in die noch nicht genügend erhitzte Pfanne oder – der Klassiker – wurde einfach zu lange gebraten, bis es wie die berühmt-berüchtigte „Schuhsohle" schmeckt. Nachträglich korrigieren kann man einen solchen Fall leider nicht. Da es als Steak aber nicht schmeckt, kann man den Mangel kaschieren: den Bratenfond mit Sahne und Brühe loskochen, das Fleisch in dünnen Scheiben einlegen und zusammen mit der Sauce servieren.

2. Das Steak ist außen stark gebräunt und innen noch roh

Bei stark angebratenem, innen aber noch übermäßig blutigem Steak: sofort von der Hitze ziehen und entweder in der Pfanne oder im Ofen bei geringer Temperatur von ca. 80 °C fertig garen.

3. Das Steak schmeckt nach nichts

Wirklich gutes Rindfleisch (oder Schwein, Lamm etc.) hat einen angenehmen Eigengeschmack und benötigt höchstens etwas Salz und Pfeffer. Bei weniger guten Fleischqualitäten kann der Griff zu weiteren Gewürzen und Kräutern häufig kaschieren: Halbierte Knoblauchzehen und Rosmarinzweige, die kurz mitgebraten werden, 1 Prise Chili oder 1 Spritzer Zitronensaft geben Geschmack und verdecken die geschmacklichen Schwächen des Fleisches. Auch das Flambieren mit Hochprozentigem, beispielsweise Cognac, bietet sich an. Ist das Fleisch schon auf dem Teller, bieten sich lediglich noch ein Dip, eine Sauce oder eine Salsa an, die Geschmack auf den Teller bringen.

4. Das Steak ist versalzen

Salzstreuer ausgerutscht? Jetzt hängt viel davon ab, wie viel Salz zu viel daraufgegeben wurde und inwieweit es ins Fleisch eingedrungen ist. Ist das Salz auf dem noch rohen Fleisch, dann einfach abwaschen, trocken tupfen und dann wie gewohnt braten. Schmeckt das bereits gebratene Fleisch versalzen, wird zumeist nichts mehr helfen. Dann runter mit dem Steak von der Hitze, in einer neuen Pfanne eine Sahnesauce, zum Beispiel mit Pilzen, aber ohne Salz zubereiten, das Steak in Scheiben schneiden, dazugeben und etwas ziehen lassen.

SOS Pannen Hilfe

5. Beim Braten bildet sich Wasser in der Pfanne

Eigentlich wollten Sie Ihr Steak braten, aber daraus wird nichts, weil Flüssigkeit austritt und das Fleisch deshalb „im eigenen Saft schmort"? Fünf Fehler, insbesondere wenn sie nicht alleine kommen, sind dafür verantwortlich:

- Mangelhafte Fleischqualität: Je langsamer ein Tier wächst und je marmorierter und kerniger das Fleisch ist, desto weniger schrumpft es beim Braten zusammen und desto weniger Wasser gibt es ab. Je artgerechter die Tierhaltung, desto besser also das Ergebnis.
- Wird das Steak zu früh gesalzen, dann entzieht das Salz dem Fleisch Wasser – besser erst salzen, kurz bevor das Steak in die Pfanne kommt – und das Fleisch sowieso vor dem Einlegen in die Pfanne immer trocken tupfen.
- Pfanne und Bratöl müssen heiß sein, bevor das Steak in die Pfanne gegeben wird.
- Geben Sie nicht zu viele Steaks gleichzeitig in die Pfanne. Auf diese Weise sinkt die Temperatur auf dem Pfannenboden zu stark ab.
- Holen Sie das Fleisch rechtzeitig aus dem Kühlschrank und geben Sie es bei Zimmertemperatur in die Pfanne. Ist das Fleisch zu kalt, sinkt die Temperatur auf dem Pfannenboden ebenso schlagartig ab und von Braten kann keine Rede mehr sein.

Und was tun, wenn es doch passiert ist? Holen Sie das Fleisch sofort aus der Pfanne. Wischen Sie die Pfanne aus, erhitzen Sie alles neu und geben Sie das trocken getupfte Fleisch erneut hinein. Achtung: Das Fleisch braucht dann nicht mehr lange, da es während der Wartezeit nachgart. Das neuerliche Anbraten sorgt dann in der Regel fast nur noch für eine schöne Krustenbildung.

6. Das Steak verformt sich beim Braten

Sie braten ein Steak, plötzlich verformt es sich und liegt nur noch zum Teil auf dem Pfannenboden auf – das Ergebnis: unbefriedigende Steaks! Fleischstücke, die am Rand eine Fettschicht aufweisen (oder von einer dünnen Sehne umschlossen sind) neigen genau dazu. Einfach den Fettrand mehrfach leicht einschneiden (oder die Sehne parieren), und schon stellt sich der Effekt nicht mehr ein. Falls es doch passiert ist: Hier hilft leider nur, das Fleisch mit zwei Kochlöffeln niederzudrücken, sodass es auf dem Pfannenboden aufliegt.

So gelingt's perfekt!

Das perfekte Steak

Übung macht den Meister – selten gilt diese Binsenwahrheit so sehr wie beim Braten von Steaks. Mit etwas Erfahrung und Gefühl sollte das perfekte Steak aber kein ewiges Rätsel bleiben, sondern stets gut gelingen.

1. Der Metzger des Vertrauens

Ein perfektes Steak beginnt nicht erst, wenn die Pfanne schon auf dem Herd steht, sondern lange vorher. Tierrasse, Aufzucht, Fütterung, Schlachtalter der Tiere und Reifezeit des Fleisches sind Faktoren, die der Konsument nicht direkt beeinflussen kann. Doch bei der Wahl des Metzgers hat der Endverbraucher durchaus die Wahl. Dabei ist qualitativ hochwertiges Fleisch vom alteingesessenen Metzger natürlich teurer als plastikverpackte Supermarktware. Fleisch von alten oder seltenen Rassen und Bio-Qualität schlagen ebenfalls auf den Preis, das spiegelt sich dann aber auch geschmacklich wider.

Ein guter Metzger weiß, woher sein Fleisch kommt, und beantwortet gerne Ihre Fragen nach der Herkunft. In jedem Fall sollte er in der Lage sein, Ihnen für die jeweiligen Zubereitungsarten Teilstücke zu empfehlen. Das oberste Gebot ist natürlich: Das angebotene Fleisch muss in einem einwandfreien Zustand sein. Es sollte neutral bis leicht säuerlich riechen, keinesfalls jedoch unangenehm. Die Oberfläche – insbesondere von größeren Fleischstücken – sollte einen trockenen Eindruck machen, die Ware darf nicht in ihrem eigenen Saft schwimmen.

Rindfleisch muss nach der Schlachtung mindestens 2, besser jedoch 3–5 Wochen abhängen und reifen. „Dry-aged-Beef" heißt hier der moderne Fachbegriff, denn in der langen Zeit des Abhängens verliert das Fleisch an Wasser und bekommt einen trockenen, dunklen Reiferand. Das kräftig rote bis dunkelrote Fleisch an sich sollte schön marmoriert sein, die Fettäderchen und auch die Fettschicht weiß.

2. Marinieren

Marinaden sind nicht nur geschmacklich ein Hit, sondern schützen magere Steaks auch vor dem Austrocknen. Wie lange und ob überhaupt das jeweilige Fleischstück mariniert werden kann und sollte, hängt von vielen Faktoren ab. In der Regel genügt bei Steaks jedoch eine kürzere Marinierzeit – von einer halben Stunde bei Zimmertemperatur bis zu einigen Stunden im Kühlschrank ist alles möglich. Marinaden sollten kein Salz enthalten. Es entzieht dem Fleisch Saft und lässt es austrocknen.

Was so einfach aussieht, kann manchmal ganz schön schief gehen. Mit unseren Tipps klappt's garantiert!

3. Temperatur

Steaks sollten niemals direkt aus dem kalten Kühlschrank, sondern zimmerwarm in die heiße Pfanne wandern. Das Temperieren oder Chambrieren (von frz. chambre = Zimmer) dauert je nach Zimmertemperatur und Größe des Fleischstücks unterschiedlich lange. Es versteht sich von selbst, dass bei hochsommerlicher Hitze dünne Fleischscheiben nur eine sehr kurze Zeit benötigen und keinesfalls zu lange außerhalb des Kühlschranks gelagert werden sollten. Sinn des Temperierens ist ein perfektes Bratergebnis – das Fleisch verliert keine Flüssigkeit, gart gleichmäßig durch und ist damit im Ergebnis zarter.

4. Braten

- Sehnen/Hautschichten sollten immer entfernt und Fettränder eingeschnitten werden, um zu verhindern, dass sich das Steak wellt und verformt. Dabei keinesfalls bis ins Fleisch schneiden, damit nicht unnötig Saft austritt und das Fleisch trocken gerät.
- Vor dem Braten sollte das Fleisch mit Küchenkrepp trocken getupft werden. So wird in der Pfanne ein Spritzen verhindert und die aromatische Krustenbildung gefördert.
- Das Steak sollte erst kurz vor dem Bratvorgang gesalzen und gepfeffert werden, weil Salz

Fleischqualität, das richtige Fett und die Temperatur: Viele Faktoren sind für das perfekte Steak wichtig

dem Fleisch Wasser entzieht und Pfeffer bitter werden kann. Als Faustregel gilt: nicht länger als 10 Minuten vor dem Braten!

- **Achtung:** Knoblauch, Rosmarin und viele Gewürze, insbesondere Paprika, nicht zu früh beigeben, sie verbrennen schnell und werden bitter. Manche frischen Kräuter sind zudem verschwendet, wenn sie zu früh und zu lange in die Hitze kommen, da sie so ihr Aroma verlieren und wirkungslos bleiben.
- Das zum Anbraten verwendete Fett sollte hitzestabil und hoch erhitzbar sein, beispielsweise Sonnenblumenöl oder Butterschmalz. Kalt gepresste Raps- oder Olivenöle eignen sich ebenso wenig zum scharfen Anbraten wie Butter.
- Pfanne und Fett sollten bereits die gewünschte Hitze erreicht haben, bevor das Fleisch hineinkommt, weil sonst der Bratvorgang unterbrochen wird und sich Wasser bilden kann. Der gleiche Effekt kann eintreten, wenn zu viele Steaks gleichzeitig gebraten werden.
- Das Fleisch unnötig oft zu wenden, ist dem Ergebnis nicht zuträglich. Oftmals reicht das einmalige Wenden. So können sich am besten eine schöne Kruste sowie Röstaromen ausbilden.
- Ist das Steak von beiden Seiten angebraten und schön gebräunt, sollte die Hitze in der Pfanne reduziert werden, um einen gleichmäßigen Gargrad innen wie außen zu erreichen. Alternativ kann das Steak im Ofen zum gewünschten Gargrad gebracht werden – auch das bei moderaten Temperaturen.
- Vor dem Servieren sollte ein Steak noch einige Minuten ruhen. So kann sich der Fleischsaft verteilen und das Fleisch entspannen – das Ergebnis: Das Fleisch schmeckt saftiger und zarter.

Weitere Tipps & Tricks

Zarte Steaks

- **Kiwis enthalten das** Enzym Actinidin, das in keinem anderen Obst vorkommt. Dieses Enzym baut Eiweiß ab. Kommt es mit Fleisch in Berührung, dann sorgt es dafür, dass das Fleisch zarter wird. Reiben Sie also Steaks (oder anderes Fleisch) mit Kiwischalen oder -scheiben ein und lassen das Enzym 15–30 Minuten einwirken. Das Steak wird dadurch herrlich zart.

- **Waschen Sie das** Steak nicht, bevor es in die Pfanne kommt. Eventuell auf oder im Fleisch sitzende Keime kann man so sowieso nicht beeindrucken – ihnen macht erst die Hitze in der Pfanne zuverlässig den Garaus. Mit dem Wasser waschen Sie nur Fleischsaft und Geschmack aus dem Fleisch aus. Lediglich Stücke mit Knochen, zum Beispiel Koteletts, sollten abgespült werden, um etwaige Knochensplitter zu entfernen.

Fettspritzer

- **Kaum brutzelt ein** Steak in der Pfanne, regnet auch schon im Umkreis von einem Meter das Fett nieder – und das langwierige Säubern des Arbeitsbereichs macht einem den Genuss madig. Die schlechte Nachricht: Fettspritzer kann man nicht vermeiden. Die gute: Man kann sie immerhin minimieren. Spritzschutzgitter sind jedoch nicht der Weisheit letzter Schluss. Das heiße Fett kommt dennoch irgendwann durch, und dann muss man auch noch das Gitter reinigen. Mit zwei kleinen Tricks kann man auch ohne auskommen: Erstens sollte das anzubratende Fleisch so trocken als möglich sein. Deshalb mit Küchenpapier mehrfach gründlich abtrocknen. Zweitens kann man, wenn das Öl schon heiß ist, etwas Salz und/oder Mehl in die Pfanne geben; beides bindet Feuchtigkeit, und es spritzt weniger.

- **Gargrad bestimmen:**

Jedes Steak ist anders: Das eine ist nur 150 Gramm „schwer", ein Porterhouse-Steak dagegen wiegt auch schon mal mehr als ein Kilo. Manche Steaks sind eher flach, andere eher hoch (wobei Letzteres seine Vorzüge hat; dünne Steaks werden viel schneller trocken). Um den Gargrad von Steaks herauszufinden, helfen etwas Übung und die sogenannte Fingerdruck-Methode. Hat man erst den Dreh raus, ist die Methode kinderleicht und – im Gegensatz zum Thermometer – verletzt sie auch nicht das Fleischstück. So geht's:

- Drückt man die Spitze von Zeigefinger und Daumen derselben Hand sacht zusammen und tastet dann mit dem Zeigefinger der anderen Hand auf den Handballen, fühlt es sich so weich an wie noch rohes, blutiges Fleisch.
- Drückt man dagegen Zeige- und Mittelfinger sacht gegen den Daumen, so fühlt sich der Handballen an wie medium-gegartes Fleisch.
- Fühlt sich das Fleisch bereits so fest an wie der Handballen, wenn Ringfinger und Daumen aneinandergedrückt werden, so ist das Fleisch vollkommen durchgebraten – und das heißt meistens: Es ist zu lang in der Hitze geblieben.

- **Ob frisch gewaschen** oder nicht – in jedem Fall sollte man ein Steak vor dem Garen in der Pfanne gründlich mit Küchenkrepp oder Ähnlichem trocken tupfen, denn je trockener die Oberfläche ist, desto besser brät das Fleisch im heißen Öl.

Verwenden Sie zum Wenden des Fleisches am besten eine Holzzange, keinesfalls aber eine Gabel, da sonst Fleischsaft austreten kann.

- **Verwenden Sie gefrorene** Steaks, sollten Sie diese über Nacht im Kühlschrank auftauen. Wenn es mal schneller gehen muss, kann das Steak auch im kalten Wasserbad auftauen. Mikrowelle, Backofen und heißes Wasserbad sind absolute ungeeignet für das schonende Auftauen.

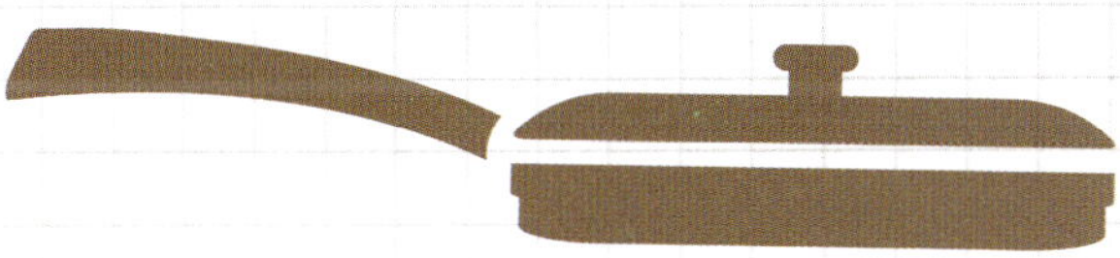

Braten

ACHTUNG
Das kann schiefgehen!

1. Der Braten ist zäh
2. Der Braten wird trocken
3. Der Braten ist überwürzt/versalzen

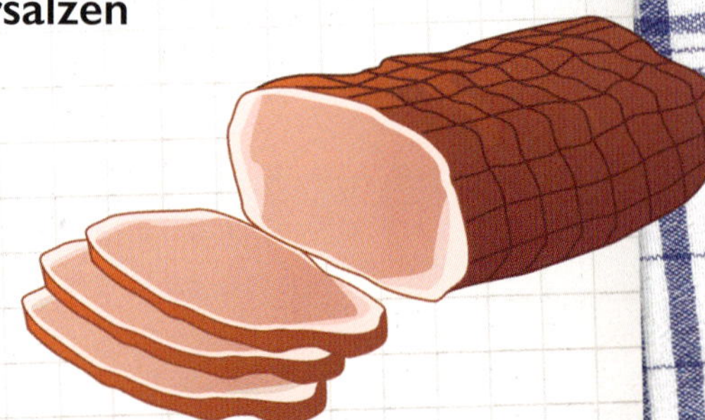

SOS Pannen Hilfe

1. Der Braten ist zäh

Ein guter Braten ist nicht unbedingt arbeitsintensiv, braucht aber ein wenig Zeit. Je nach Größe, Qualität und Gartemperatur kann es passieren, dass er auch noch nach 1, 2 oder sogar 3 Stunden „zäh" ist. Er ist in diesem Fall einfach noch nicht lange genug im Ofen bzw. auf dem Herd gewesen und benötigt noch Zeit. Meist hilft es, das Fleisch bei mittlerer Temperatur weiterschmoren zu lassen und währenddessen immer mal wieder mit Schmorflüssigkeit zu begießen.

SOS Pannen Hilfe

2. Der Braten wird trocken

Das Gegenteil von „zäh" ist beim Braten „trocken". In diesem Fall ist der Braten zu lange und möglicherweise bei zu hoher Hitze gegart worden. Das Fleisch ist dann nicht mehr gänzlich zu retten, aber die Panne kann bis zu einem gewissen Grad kaschiert werden. Dafür den Braten gegen die Faser sehr dünn aufschneiden und die Scheiben in reichlich Sauce ziehen lassen, dann servieren.

3. Der Braten ist überwürzt/versalzen

Bei einem nicht im Topf zubereiteten, sondern auf dem Rost des Backofens gegarten Braten muss die Überwürzung nicht unbedingt ein Nachteil sein, denn Salz und Gewürze dringen nicht tief unter die Oberfläche ein, sodass das Gesamtergebnis wieder völlig in Ordnung ist. Ein geschmorter Braten mit Gemüse und Sauce, der überwürzt oder versalzen ist, ist dagegen ein echtes Problem. In diesem Fall kann es helfen, einen Teil der Sauce zu entfernen und die verbliebene Flüssigkeit mit Wasser oder gegebenenfalls Sahne zu strecken. Am besten ist es natürlich, mit Salz (und Brühe) vorsichtig umzugehen, denn bekanntlich geht Nachsalzen immer, während „Wegsalzen" schwierig ist.

So gelingt's perfekt!

Der perfekte Braten

Vorab: „Braten" und „braten" bestehen zwar aus den gleichen Buchstaben, sind aber ihrer Wortherkunft und ihrer Bedeutung nach grundverschieden. Während das eine („braten" als Tätigkeit) das trockene Garen (ohne Flüssigkeit) bezeichnet, meint das andere („Braten") ein großes Stück Fleisch, das im Ganzen gegart wird. Nur sehr selten werden Braten wirklich gebraten. In der Regel wird ein Braten lediglich angebraten und anschließend mit Flüssigkeit, Gemüse und Geschmacksträgern geschmort.

Anbraten: Das Anbraten ist wichtig, um den Braten während der langen Garzeit saftig zu halten und leckere Röstaromen zu erzeugen. Falsch ist hingegen die Behauptung, dass sich beim Anbraten „die Poren schließen", denn Fleisch hat keine „Poren".

Beim Anbraten gilt: Der Schmortopf (oder Vergleichbares) sowie das Fett (hoch erhitzbares Öl, Butterschmalz oder Ähnliches) müssen heiß sein. Dann das trocken getupfte Fleisch hineingeben und kräftig anbraten. Nicht zu früh wenden, da sonst Fleischfasern abreißen können und der gewünschte Effekt verhindert wird. Der Braten sollte rundherum angebraten werden, also möglichst auf der gesamten Oberfläche. Das Gemüse, das man mitschmoren möchte, sollte man separat anbraten. Also Fleisch aus dem Topf nehmen, das Gemüse (je nach Menge in mehreren Durchgängen) anbraten, das Fleisch darauflegen und Flüssigkeit angießen. Außerdem gegebenenfalls die gewünschten Gewürze, Kräuter etc. zugeben, die Hitze reduzieren, den Topf verschließen und entweder auf dem Herd oder im Ofen schmoren lassen.

Temperatur: Ob im Ofen oder auf dem Herd, die Schmortemperatur sollte nicht zu hoch sein. Braten und Beiwerk sollten nur leise vor sich hin simmern, keinesfalls kochen. Exakte Garzeiten sind kaum anzugeben. Nicht nur das Gewicht bzw. die Größe des Bratens sind dabei zu bedenken, sondern auch die gewählte Temperatur, der Ofen/Herd und natürlich die Fleischsorte (Rind, Schwein, Lamm, Geflügel) sowie das jeweilige Stück des Tiers spielen eine große Rolle. Hier sollte man sich zunächst an das vorliegende Rezept halten. Mit ein wenig Erfahrung kann man Garzeiten dann immer besser einschätzen.

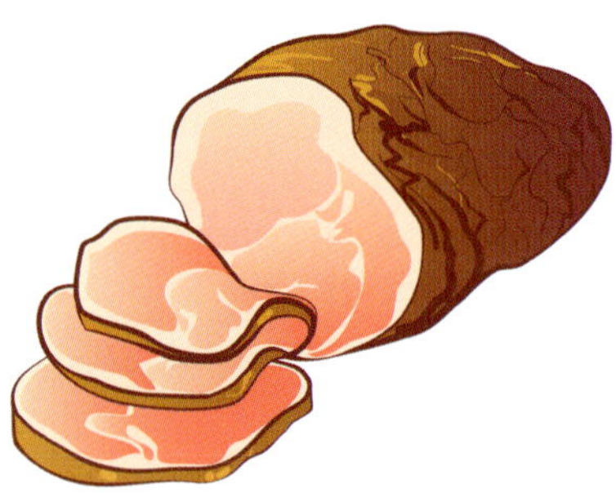

Gulasch

ACHTUNG

Das kann schiefgehen!

1. Das Gulasch bleibt hart bzw. zäh
2. Das Gulasch schmeckt bitter
3. Das Gulasch ist versalzen
4. Die Gulaschsauce ist zu dünn

1. Das Gulasch bleibt hart bzw. zäh

Wenn das Gulasch hart beziehungsweise zäh bleibt, dann ist es im Normalfall einfach noch nicht lange genug auf der Hitze. Wenn es lange genug geschmort wurde, wird es irgendwann mürbe. Die Dauer der Schmorzeit hängt sowohl von der Qualität des gewählten Fleischstücks als auch von der Größe der Würfel ab – das eine Gulasch ist nach 1 Stunde zart, das andere benötigt mehr als doppelt so lange. Wenn Gäste ins Haus kommen, sollte man das Gulasch also nicht „auf den Punkt" zubereiten, sondern schon vorher fertig garen – denn schließlich verliert es durch Aufwärmen nichts von seiner Qualität.

2. Das Gulasch schmeckt bitter

In vielen Rezepten werden größere Mengen Paprikapulver, ob edelsüß oder scharf, verwendet und zum Teil auch am Anfang mitgebraten. Bei zu starker Hitze und zu langer Anbratzeit kann Paprika jedoch bitter werden. Deshalb sollte man es immer erst später hinzugeben. Ist es doch passiert, dann gibt es eine ganze Reihe von Optionen, die jedoch alle keinen hundertprozentigen Erfolg versprechen: einen Teil der Sauce abnehmen und die verbliebene Sauce mit Rotwein und/oder Brühe auffüllen; mit etwas Süße (zum Beispiel Ahornsirup) die bitteren Spitzen nehmen; abgeriebene Schale von 1 unbehandelten Zitrone hinzugeben und so für ein frischeres Aroma sorgen.

3. Das Gulasch ist versalzen

Da Gulasch 30 Minuten mehr Garzeit in der Regel überhaupt nicht übel nimmt: Vierteln Sie 1 geschälte Kartoffel und garen Sie diese mit. Anschließend herausnehmen – sie absorbiert viel Salz. Eine weitere Möglichkeit: Entfernen Sie einen Teil der Sauce und strecken Sie den Rest mit ungesalzener Brühe und/oder Rotwein; auch Wasser kann helfen. Eine Alternative besteht in der Zugabe von Sahne oder Sauerrahm, allerdings handelt es sich dann nicht mehr um ein klassisches Gulasch.

4. Die Gulaschsauce ist zu dünn

Schöpfen Sie einen Teil der mitgeschmorten Zwiebeln heraus und pürieren Sie alles. Anschließend wieder einrühren – schon ist die Sauce deutlich angedickter und sämiger. Ansonsten hilft: Nehmen Sie den Deckel ab und lassen alles weitere 30 Minuten einkochen.

So gelingt's perfekt!

Das perfekte Gulasch

1. Auch beim Gulasch ist natürlich die Fleischqualität wichtig. Entgegen hartnäckiger Gerüchte muss das Fleisch jedoch keinen besonders hohen Fettanteil aufweisen. Auch mit magerem, hochwertigem Muskelfleisch können beste Ergebnisse erzielt werden.

2. Idealerweise kauft man kein bereits zugeschnittenes Gulasch. Das hat mindestens zwei Vorteile: Erstens kann man sich das Stück aussuchen und bekommt ganz sicher keine zusammengestückelten Reste. Zweitens hat man es dann selbst in der Hand, wie groß die Stücke werden.

3. Beim Schneiden des Fleisches ist es vor allem wichtig, dass alle Stücke in etwa gleich groß sind. Von sehr klein bis so groß, dass man die einzelnen Stücke beim Verzehr noch einmal schneiden muss, reicht die Palette – letztlich ist die gewählte Größe aber Geschmackssache.

4. Ein Gulasch sollte in einem großen Bräter schmoren – muss aber nicht unbedingt angebraten werden. Der Vorteil beim Anbraten: Es entstehen leckere Röstaromen. Falls angebraten wird: Geben Sie immer nur kleine Mengen trocken getupftes Fleisches zum Anbraten in den Bräter. Nur so zieht es kein Wasser. Wichtig dabei ist natürlich, dass sowohl Pfanne als auch Fett stets schön heiß sind. Die angebratenen Portionen herausnehmen und beiseitestellen. So fortfahren, bis das ganze Fleisch gut angebraten ist.

Nach dem Fleisch die obligatorischen geschnittenen Zwiebeln (klassisch im Verhältnis 1:1, also zum Beispiel 800 g Zwiebeln auf 800 g Fleisch) ebenfalls portionsweise anbraten, schließlich meist noch kurz Tomatenmark. Dann das Fleisch wieder hinzugeben, alles mit Flüssigkeit auffüllen, Gewürze etc. zugeben und zugedeckt bei niedriger Temperatur sanft schmoren lassen.

Achtung: Sprudelndes Kochen unbedingt vermeiden! Das geht zulasten des Fleischgeschmacks.

Innereien

Bei Innereien scheiden sich die Geister: Die einen lieben sie als ganz besonderen Leckerbissen, die anderen machen einen größtmöglichen Bogen um sie herum. In vielen Regionen gelten sie als Delikatesse und viele der alten Rezepte erleben eine wahre Renaissance. Doch warum kann bei der Zubereitung von Innereien so viel schief gehen?

Beim Kauf von Innereien sollte ganz besonders auf Frische und Qualität geachtet werden, denn sie sind leicht verderblich und sollten daher immer erst am Tag der Zubereitung eingekauft werden. Ein eindeutiges Frischezeichen ist eine feucht glänzende Oberfläche. Bei Farbveränderungen und unangenehmen Gerüchten sollten Sie auf die Verarbeitung von Innereien verzichten.

Innereien sollte nie zu heiß gebraten werden, da sie sonst zäh und/oder ledrig hart werden könnten. Dann hilft auch leider kein Rettungsversuch mehr, weshalb wir an dieser Stelle auf die Pannenhilfe verzichten müssen. Wir können Ihnen aber ein paar Tipps geben, damit zukünftig nichts schiefgeht.

Leber

- **Legen Sie die** Leber 2–3 Stunden vor der Zubereitung in Milch oder Buttermilch ein. Sie wird dadurch noch zarter, zudem werden etwaige Giftstoffe auf diese Art herausgefiltert.

- **Innereien sollten vor** der weiteren Zubereitung unbedingt gründlich geputzt und gewaschen werden, falls dies nicht Ihr Metzger für Sie übernimmt.

Innereien sollten nur in Maßen und am besten von jungen Tieren verzehrt werden. Achten Sie bei Leber und Niere besonders auf frische Ware, die feucht ist und glänzt.

So gelingt's perfekt!

Leber perfekt zubereiten

Leber (von Rind, Kalb, aber auch von anderen Tieren) ist ein empfindliches Lebensmittel. Drei Punkte sind bei ihrer Zubereitung besonders wichtig:

1. Vor dem Braten sollte sie dünn mit Mehl bestäubt werden. Sie wird dann außen knuspriger und bleibt innen zarter.

2. Leber sollte nur so lange gebraten werden, bis sie innen noch rosa ist. Durchgebratene Leber wird hart.

3. Leber erst nach dem Braten salzen, sonst wird sie zäh.

Nieren perfekt zubereiten

1. Meistens bekommt man beim Metzger bereits Nieren ohne umgebendes Fett; ansonsten entfernen lassen oder selbst wegschneiden.

2. Besonders lecker sind Nieren von Kalb und Lamm. Doch egal, von welchem Tier die Niere stammt: vor der Zubereitung etwa 1 Stunde lang in Essig-, Zitronenwasser oder Milch einlegen. Große Nieren (Rind) vor dem Braten halbieren.

3. Wie Leber werden Nieren nur rosa gebraten, sonst werden sie zäh. Nicht in Sauce kochen (höchstens sanft erwärmen), denn auch dann können sie zäh werden.

4. Wie auch die Leber sollte die Niere erst nach dem Braten gesalzen werden.

Hackfleisch

Vorab: Außen knusprig, innen saftig – eine perfekte Frikadelle ist ein Hochgenuss. Aber wie oft bekommt man „Klötze" serviert, die mit diesem Idealbild nichts gemeinsam haben. Schiefgehen kann in Sachen Bulette, Frikadelle, Klops oder Fleischpflanzerl so einiges, sind sie aber erst einmal gebraten, dann ist nichts mehr zu machen. Wer sich nicht sicher ist, ob der Fleischteig gelungen ist, dem bleibt nur eines übrig: eine Probefrikadelle braten. Nur dann kann man den Rest noch einmal in diese oder jene Richtung modifizieren.

ACHTUNG

Das kann schiefgehen!

1. Die Frikadelle fällt auseinander

2. Die Frikadelle ist zu fest

SOS Pannen Hilfe

1./2. Die Frikadelle fällt auseinander/ist zu fest

Ob zu locker oder zu fest – in beiden Varianten stimmt das Mischungsverhältnis zwischen Hackfleisch, altbackenem Brötchen und Ei nicht. Als Faustregel kann gelten: Auf 500 g Hackfleisch sollte 1 erst eingeweichtes, dann gründlich ausgedrücktes altbackenes Brötchen sowie 1 Ei kommen. Das Brötchen macht den Teig fluffig, das Ei hält die Masse zusammen. Ist die rohe Masse zu feucht, dann hilft etwas Paniermehl. Ist die Masse zu trocken, dann 1 Eigelb, etwas Milch oder Sahne untermischen, bis die Konsistenz stimmt. Achtung: Paniermehl immer vorsichtig dosieren. Schnell werden die Frikadellen pappig und zu teigig.

So gelingt's perfekt!

Die perfekte Frikadelle

1. Klassisch wird für die Frikadelle Hackfleisch „halb und halb" (Schwein/Rind) genommen, allerdings kann man beide Sorten auch einzeln verwenden; auch Hackfleisch vom Kalb und Lamm sind möglich. Entgegen hartnäckiger Vorurteile kann sogar mageres Tatar verwendet werden. Immer jedoch ist beim Hackfleisch Frische das oberste Gebot. Idealerweise wird das Hackfleisch in der Metzgerei vor Ihren Augen gewolft, von Ihnen ohne Umwege in den Kühlschrank gebracht und noch am gleichen Tag verbraucht. Längere Lagerung, eine unterbrochene Kühlkette usw. führen schnell zum Verderben des Fleisches und möglicherweise zur Entstehung von Salmonellen.

2. 1 altbackenes Brötchen ca. 10 Minuten in lauwarmem Wasser einweichen.

3. 1 Zwiebel und ggf. Knoblauch fein hacken und in Butter sanft andünsten. Dann mit Ei zum Hackfleisch geben (gibt man die Zwiebel roh hinzu, kann das Aroma später zu scharf sein).

- **Beim Würzen sollte** man beachten, dass kalte Frikadellen merklich an Geschmack verlieren. Beabsichtigt man also, die Frikadellen kalt zu servieren, dann sollte man beim Würzen energisch vorgehen.

4. Das Brötchen ausdrücken und zur Hackfleischmasse geben. Den Teig mit Salz, Pfeffer, etwas Senf und nach Belieben weiteren Gewürzen oder gehackten Kräutern verkneten. Die Konsistenz sollte weich, aber dennoch gut formbar sein.

5. Bratöl in einer Pfanne erhitzen und eine Probefrikadelle braten. Anschließend je nachdem den Teig nachwürzen, mit Semmelbröseln andicken oder mit 1 Eigelb verfeinern. Wichtig ist:

- Immer nur bei mittlerer Temperatur garen. So gart die komplette Frikadelle, ohne dass sie außen zu dunkel wird.
- Nicht zu häufig wenden, denn gerade zarte, feine Frikadellen zerfallen dann schneller.
- Immer ausreichend Bratöl verwenden. Frikadellen können ruhig „schwimmen". So lassen sie sich leichter wenden und behalten besser die Form. Nach dem Garen sollten sie dann auf Küchenkrepp abtropfen.

Der Kreativität sind keine Grenzen gesetzt. Man kann etwa (einen Teil) des Brötchens durch Haferflocken oder durch gekochten Reis ersetzen. Auch gehackte Petersilie, angeröstete Pinienkerne oder gewürfelter Speck machen sich gut.

Panade

ACHTUNG
Das kann schiefgehen!

1. Die Panade löst sich vom Fleisch (und zerbröselt)
2. Die Panade wird nicht knusprig

SOS Pannen Hilfe

1. Die Panade löst sich vom Fleisch (und zerbröselt)

Panade löst sich vom Fleisch, wenn beim Panieren das überschüssige Mehl nicht abgeklopft wird. Deshalb immer kurz das Mehl abschütteln oder -klopfen, damit Panade und Fleisch perfekt zusammenhalten. Eine Pannenhilfe gibt es in diesem Fall nicht.

2. Die Panade wird nicht knusprig

Der Kardinalfehler, der dazu führt, dass die Panade nicht knusprig wird: Das Fleisch wird nach dem Panieren nicht sofort ausgebacken. Die Semmelbrösel ziehen dann Feuchtigkeit, die Panade wird nicht knusprig. Ist das einmal geschehen, kann man es mit einer zweiten dünnen Schicht probieren. Noch einmal in Ei und Paniermehl wenden, dann sofort ab in die Pfanne. Der Nachteil: Auf diese Weise wird die Panade dicker als gewünscht.

So gelingt's perfekt!

Das perfekte Wiener Schnitzel

1. Für ein echtes Wiener Schnitzel nimmt man immer Kalbfleisch. Wird es mit Schweinefleisch zubereitet, spricht man von einem Schnitzel „Wiener Art".

2. Die Kalbsschnitzel unter Folie oder in einem Gefrierbeutel mit einem Fleischklopfer, Plattiereisen oder einer schweren Kasserolle gleichmäßig flach klopfen.

3. Die Schnitzel salzen, pfeffern und nacheinander in Mehl, verschlagenem und gesalzenem Ei und Paniermehl wenden. Achtung: Das Mehl sollte nur als hauchdünne Schicht auf dem Fleisch sein. Nach dem Wenden daher überschüssiges Mehl abklopfen.

4. Die Schnitzel nach dem Panieren sofort in die Pfanne mit reichlich heißem Butterschmalz geben und ausbacken (idealerweise bei ca. 170 °C), bis die Panade goldbraun ist. Das Schnitzel muss im Schmalz schwimmen und sollte während der kurzen Garzeit mehrfach geschwenkt werden.

Weitere Tipps & Tricks

• **Nach den Stationen** Mehl, Ei, Paniermehl die Schritte 2 und 3 wiederholen. Die Panade wird dann zwar etwas dicker, dafür aber besonders knusprig und platzt weniger leicht auf.

Piccata

• **Ein Verwandter des** Wiener Schnitzels und zugleich eine raffinierte Alternative ist die Piccata alla milanese. Dafür werden kleine Kalbsschnitzel im Prinzip wie die österreichische Spezialität zubereitet, allerdings besteht die Panade aus einer Mischung aus Semmelbröseln und Parmesan, was dem Ganzen eine raffinierte italienische Note gibt.

Etwas Zitronenabrieb im Ei verleiht dem Wiener Schnitzel eine frische Note.

• **Paniermehl kann man** ganz leicht selbst herstellen. Dafür altbackenes Weißbrot oder Brötchen in kleine Stücke schneiden oder brechen, gegebenenfalls noch einmal trocknen lassen oder, wenn es schnell gehen muss, im Backofen bei sehr niedriger Temperatur trocknen. Dann mit einer Reibe, einer Mühle oder im Mörser (oder mit anderen geeigneten Werkzeugen und Methoden) zu Paniermehl verarbeiten.

Etwas halb steif bis steif geschlagene Sahne mit dem Ei verschlagen, macht die Panade besonders luftig und lecker.

Backen & Süßspeisen

Obst

ACHTUNG
Das kann schiefgehen!

1. Das Obst ist hart
2. Das Obst schmeckt nach nichts
3. Der Obstkuchenbelag schmeckt bitter
4. Der Obstkuchenguss wird nicht fest
5. Der Aprikosenkuchen sieht grau aus
6. Das angeschnittene Obst verfärbt sich unappetitlich braun
7. Das Obst ist überreif und zu weich zum Belegen

SOS Pannen Hilfe

1. Das Obst ist hart

Manche Obstsorten reifen noch nach, andere wiederum sollten nur vollreif gekauft werden. Lesen Sie hierzu mehr unter *Weitere Tipps & Tricks*. Falls das Obst noch nachreifen kann, legen Sie es am besten zusammen mit Äpfeln in eine Papiertüte. Nach 1–2 Tagen sollte es verzehrfertig sein. Äpfel sondern Reifegase ab, die das Nachreifen von Obst beschleunigen. Falls Sie das Obst dennoch direkt verarbeiten wollen, hilft nur eines: kurz dünsten. Am besten das in Stücke geschnittene Obst in ein wenig zerlassener Butter anschwitzen, mit etwas Zucker bestäuben, etwas abgeriebene Schale von 1 unbehandelten Zitrone hinzugeben und nach Belieben 1 Prise Zimt. Dann bei geschlossenem Deckel je nach Größe bissfest dünsten.

Sonderfall Quitte: Die Quitte ist von Natur aus steinhart. Sie muss weich gedünstet oder gekocht werden. Dafür die Quitte schälen, vierteln, in Spalten schneiden und sofort mit etwas Zitronensaft einreiben oder in Zitronenwasser legen, denn sie verfärbt sich schnell. Dann nach Belieben und Rezept Zucker, Gewürze, Wein oder Wasser hinzugeben und alles rund 40 Minuten weich garen.

2. Das Obst schmeckt nach nichts

Gründe hierfür sind entweder Unreife, nicht-saisonales Obst oder geschmacksarme Neuzüchtungen. Sie kennen sicher auch das Phänomen leuchtend roter großer Erdbeeren im Winter, die leider nach gar nichts schmecken. Daher gilt: immer am besten saisonale Freilandware beim Händler Ihres Vertrauens kaufen. Das ist im Frühsommer und Sommer kein Problem – im Herbst und Winter bisweilen schon. Greifen Sie dann im Zweifelsfall besser zu Tiefkühlware, als es mit frischen, aber geschmacksneutralen Obstsorten zu versuchen. Ansonsten bedienen Sie sich in der kalten Jahreszeit besser bei Exoten wie Mango, Ananas, Kiwi, Papaya und vielen mehr. Lesen Sie dazu jedoch unter *Weitere Tipps & Tricks,* was es bei einigen exotischen Obstsorten im Hinblick auf Milchprodukte und Gelatine zu beachten gilt. Doch zur eigentlichen Pannenhilfe: Wenn Geschmack fehlt, müssen Sie ihn nachträglich hinzufügen. Zuckern Sie die Früchte moderat, geben Sie etwas Zimt oder Vanillemark hinzu oder unterstützen Sie den Eigenfruchtgeschmack durch passenden Sirup. 1 Spritzer Zitronensaft, etwas abgeriebene Zitronen-, Limetten- oder Orangenschale (natürlich von unbehandelten Früchten) unterstützen ebenfalls den Fruchtgeschmack. Wenn keine Kinder mitessen: Einige Tropfen Pfirsichlikör sind ebenfalls (fast) immer passend und verbessern den Geschmack.

Falls vorrätig, können Sie auch einige Kräuter hinzugeben: Zitronenmelisse, etwas Minze, Basilikum, Estragon oder geriebener Ingwer harmonieren oft erstaunlich gut mit Obst und geben einen überraschenden Geschmack, der über den mangelnden Fruchtgeschmack hinwegtröstet.

SOS Pannen Hilfe

3. Der Obstkuchenbelag schmeckt bitter

Schmecken ein Obstkuchenbelag oder eine Obstnachspeise bitter, so sind es in der Regel obsteigene Enzyme, die sich nicht mit Milchprodukten vertragen. Besonders ausgeprägt ist dies bei Ananas und Kiwi. Bereiten Sie solche Desserts oder Beläge entweder erst direkt vor dem Verzehr zu oder verwenden Sie nur gedünstetes Obst. Dabei nämlich werden die obsteigenen Enzyme zerstört, sodass sie die Proteine von Sahne, Joghurt und Co. nicht mehr zersetzen können. Wenn es doch passiert ist und die Quarkspeise bitter schmeckt, hilft nur eines: nachsüßen und mit etwas Zitronensaft geschmacklich auffrischen.

4. Der Obstkuchenguss wird nicht fest

Wird der Tortenguss nicht fest, so liegt das ebenfalls an den unter Punkt 3 genannten Enzymen, die sich auch mit Gelatine nicht vertragen. Am besten nochmals eine dünne Obstschicht auflegen – zum Beispiel Bananen-, Mangoscheiben oder Beeren, auf keinen Fall jedoch frische Kiwi- oder Ananasstücke, dann nochmals neuen Tortenguss anrühren, über den Kuchen gießen und erstarren lassen. Und beim nächsten Mal: statt Gelatine am besten Agar-Agar verwenden. Das asiatische, rein pflanzliche Algenprodukt kommt mit den Enzymen von Ananas, Papaya, Kiwi & Co. gut zurecht. Allerdings muss es im Gegensatz zu Gelatine einige Minuten gekocht werden, um seine Gelierfähigkeit voll entfalten zu können.

5. Der Aprikosenkuchen sieht grau aus

Aprikosenhaut wird beim Backen gerne grau. Die Früchte sollten daher immer gehäutet werden. Falls Sie es einmal vergessen haben sollten, hilft Überdecken. Pinseln Sie den Kuchen nach dem Backen dünn mit erhitztem und glatt gerührtem Johannisbeergelee ein. So erhält er Glanz und etwas Farbe und sieht direkt viel appetitlicher aus. Alternativ können Sie zum guten, alten Puderzucker greifen und den Kuchen dick überstäuben, eine Baiserhaube aufspritzen und diese im Backofen noch mal kurz gratinieren oder aus 125 g Mehl, 75 g Butter, 1 Eigelb und 2 Esslöffeln Zucker Streusel kneten, diese über den Kuchen krümeln und alles im Backofen weitere 15 Minuten backen.

6. Das angeschnittene Obst verfärbt sich unappetitlich braun

Angeschnittenes Obst verändert seine Farbe. Besonders schnell geht das bei Bananen, Äpfeln, Birnen und Quitten. Um das zu verhindern, darf die Anschnittstelle möglichst nicht mit Luft in Berührung kommen. Dies gelingt, indem das Obst direkt glasiert, in Creme gerührt oder mit Frischhaltefolie abgedeckt wird. Auch Zitronensaft hilft dabei, die chemische Reaktion, die zur braunen Färbung führt, zu verhindern. Ist es dennoch passiert, gilt erst einmal: Entwarnung! Die braunen Stellen sind gesundheitlich völlig unbedenklich und lediglich eine optische Schwäche. Entweder wird das Obst nochmals dünn angeschnitten und die neue Schnittfläche sofort mit Zitronensaft beträufelt, mit Flüssigkeit bedeckt oder mit Folie versiegelt – oder aber die unschönen Stellen werden mit Glasur, zum Beispiel einer Schokoladenglasur, verdeckt.

7. Das Obst ist überreif und zu weich zum Belegen

Sie möchten einen Obstkuchen belegen, aber das Obst ist zu reif und zu weich, um in Stücke geschnitten zu werden? Machen Sie stattdessen einen bunten Smoothie-Kuchen! Wie das geht, lesen Sie direkt im nächsten Abschnitt unter *So gelingt's perfekt!*.

So gelingt's perfekt!

Notfall-Smoothie-Kuchen mit Pfirsichen und Kiwi

1. Einen Tortenring um einen Tortenboden legen. Die Pfirsiche waschen, das Fruchtfleisch vom Stein lösen und mit 1 Spritzer Zitronensaft und Zucker oder Vanillezucker nach Belieben glatt pürieren. Die Menge abwiegen.

2. Das Agar-Agar mit der Hälfte des Pürees unter Rühren aufkochen und einige Minuten kochen lassen. Richten Sie sich dabei nach der Packungsanweisung, da die Gelierfähigkeit je nach Anbieter leicht variiert. Als Faustregel für die Mengen gilt: ¾ Teelöffel Agar-Agar entsprechen in etwa 6 Blatt Gelatine und reichen daher für 500 ml Flüssigkeit (bei 200 ml daher ¼ Teelöffel Agar-Agar verwenden, bei 1 Liter 1 Teelöffel). Das restliche Püree unterrühren und die Mischung leicht abkühlen lassen. Kurz vor dem Gelieren auf den Tortenboden gießen und fest werden lassen.

3. Die Kiwis ebenfalls mit 1 Spritzer Zitronensaft und Zucker nach Belieben pürieren. Die Mischung abwiegen, unter Rühren aufkochen und das Agar-Agar hinzugeben. 1–2 Minuten kochen lassen, dann ebenfalls leicht abkühlen lassen und auf das Pfirsichpüree streichen. Alles 1–2 Stunden fest werden lassen, dann den Tortenring entfernen und den Kuchen mit Vanillesahne servieren.

Achtung: Zwar geliert Agar-Agar mit Kiwi & Co. viel besser als Gelatine, dennoch sollte bei einem reinen Kiwipüree das gesamte Mus aufgekocht werden, um die Enzyme zu zerstören. Sonst wäre selbst Agar-Agar überfordert.

Weitere Tipps & Tricks

Nachreifen

- **Diese Obstsorten reifen** nach: Äpfel, Aprikosen, Avocados, Bananen, Birnen, Feigen, Guaven, Blaubeeren, Kiwis, Mangos, Nektarinen, Pfirsiche, Papayas, Passionsfrüchte, Pflaumen, Wassermelonen und Zuckermelonen.

Kiwis blanchieren

- **Das in den** Kiwis enthaltene Enzym Actinidin baut Eiweiß ab. Das macht Milchprodukte bitter und hindert Gelatine daran, fest zu werden. Durch Blanchieren der Früchte wird das Enzym zerstört.

- **Damit Obst möglichst** lange frisch und lecker bleibt, muss es je nach Sorte besonders gelagert werden.
- In den Kühlschrank gehören Aprikosen, Nektarinen, Pfirsiche, Kirschen, Pflaumen, Zwetschgen sowie Birnen, Kiwis und eigentlich alle Beeren.
- Kühl und am besten dunkel im Keller gelagert sind Äpfel und Zitrusfrüchte am besten aufgehoben. Aber auch Papayas, Mangos, Ananas und Melonen fühlen sich hier wohl.
- Bananen sollten immer bei Zimmertemperatur aufbewahrt werden, niemals jedoch in der Nähe von Äpfeln, da sie extrem auf das Reifegas der Äpfel reagieren und schnell überreif werden.

- **Damit Obst im** Kühlschrank nicht trocken oder schrumpelig wird, wird es am besten in einem offenen Frischhaltebeutel aufbewahrt.

- **Diese Obstsorten reifen** nicht nach und sollten daher nur vollreif gekauft werden: Ananas, Trauben, Litschis, Orangen, Zitronen, Grapefruits, Granatäpfel, Kirschen, Limetten, Himbeeren, Erdbeeren und Brombeeren.

- **Reifetest bei Ananas:** Ziehen Sie am kleinsten, inneren Blättchen der Ananas. Lässt sich dieses herausziehen, dann ist die Ananas reif und süß. Ist der untere Teil des Blättchens jedoch bräunlich verfärbt, so ist dies ein Anzeichen für Fäulnis. Die Ananas sollte dann nicht mehr verzehrt werden.

- **Reifetest bei Mangos:** Sie riechen fein-fruchtig, die Schale gibt auf Druck etwas nach. Jedoch darf die Frucht keine Dellen haben oder zu weich sein – sonst ist sie überreif, eventuell schon faulig.

- **Reifetest bei Melonen:** Klopfen Sie auf die Schale. Klingt es voll und dunkel, ist die Melone reif. Klingt es hell und kurz, ist sie unreif. Außerdem: Achten Sie auf einen hellen Fleck auf der Melone. Dieser ist die Auflagefläche und zeigt an, dass die Melone auf dem Feld gereift ist. Fehlt die helle Stelle, wurde die Frucht unreif geerntet.

- **Wahrscheinlich kennen Sie** den englischen Satz: An apple a day keeps the doctor away – ein Apfel pro Tag hält den Arzt fern. Tatsächlich ist der Apfel eine wahre Vitaminbombe, die meisten Vitamine liegen allerdings direkt unter der Schale. Es empfiehlt sich daher, ungespritzte Bioware zu kaufen und diese gut gewaschen, aber mit Schale zu verzehren.

Obst immer zuerst waschen, dann trocken tupfen und dann putzen. So verhindert man zuverlässig ein Verwässern des Geschmacks. Dies gilt ganz besonders bei Beeren.

Zucker

ACHTUNG
Das kann schiefgehen!

1. Die Speise gerät zu süß

2. Der Zucker löst sich nicht auf

3. Der Zucker verbrennt und wird bitter

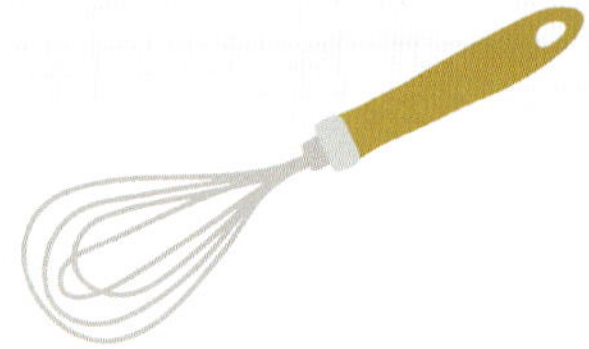

SOS Pannen Hilfe

1. Die Speise gerät zu süß

Ist ein Kuchen oder eine Creme zu süß geraten, hilft Säure, um geschmackliche Spannung zu schaffen. Hier gibt es von Fall zu Fall verschiedene Möglichkeiten:

- Ist der Kuchen noch nicht gebacken und die Creme noch nicht fest, so kann recht einfach Zitronensaft untergerührt werden – oder, falls vorrätig, rote Johannisbeeren, Himbeeren oder Rhabarberwürfel.
- Ist die Speise schon fix und fertig, lässt sich natürlich nichts mehr unterrühren. Hier können Fruchttoppings oder -pürees aus passierten, säuerlichen Früchten, die zur Creme, zur Mousse oder zum Kuchen gereicht werden, einen ausgewogenen Gesamteindruck herstellen.
- Kuchen lässt sich zudem auch sehr gut durch Tränken mit Orangensaft oder einer Mischung aus Orangen- und Zitronensaft geschmacklich aufpeppen. Die Süße wird damit abgeschwächt und der Kuchen zudem schön saftig.
- Reichen Sie zum Kuchen oder zur Creme keine gesüßte Sahne, sondern servieren Sie alles mit einem Klecks Crème fraîche. Die von Natur aus leicht säuerliche Note von Crème fraîche bildet einen reizvollen Kontrast zur ansonsten zu süßen Speise.

2. Der Zucker löst sich nicht auf

Eigentlich kann man Entwarnung geben: Früher oder später lösen sich die Zuckerkristalle auf – denn sie sind ja schließlich wasserlöslich. Allerdings: Das kann ganz schön langwierig sein, und daher sollten Sie von vorneherein zum Backen und für Süßspeisen möglichst kleinkörnige Zuckerkristalle verwenden. Bei weißem Zucker ist das kein Problem. Brauner Zucker jedoch ist meist grobkörniger im Handel zu finden. Mahlen Sie ihn vor der Verwendung am besten im Blitzhacker kleiner – so lösen sich die Kristalle ruck, zuck auf. Und was tun, wenn sich im Puderzuckerguss hässliche Klümpchen gebildet haben? Halten Sie kurz den Pürierstab hinein – so wird alles schön glatt. Und beim nächsten Mal: den Puderzucker nicht einfach mit Wasser oder Saft glatt rühren, sondern vorher durch ein feines Haarsieb sieben. Dann haben Klümpchen keine Chance.

3. Der Zucker verbrennt und wird bitter

Wenn der Zucker erst einmal verbrannt ist, hilft leider nichts mehr. Karamell sollte dann am besten einfach noch mal frisch aufgesetzt werden. Gegen nur leicht zu deutlich ausgeprägte Bitteraromen hilft auch hier am besten Säure in Form von Zitronensaft oder säuerlichen Fruchtsaucen, die zu einer Sauce verarbeitet oder in Schlagsahne oder Crème fraîche gerührt, zur Crème brûlée oder zur Tarte Tatin gereicht werden.

So gelingt's perfekt!

Die perfekte Karamellsauce

1. Zuallererst: Achtung! Karamell entsteht bei Temperaturen um 185 °C. Zucker beginnt bei rund 135 °C zu schmelzen. Schützen Sie also Ihre Hände vor Spritzern, die bei der extrem heißen Zuckermasse ziemlich schmerzhaft ausfallen können. Auch beim Ablöschen mit Flüssigkeit entsteht reichlich heißer Dampf. Halten Sie daher mit dem Oberkörper und vor allem mit dem Kopf Abstand zum Topf.

2. Geben Sie den Zucker in eine schwere, trockene und saubere Pfanne und lassen Sie ihn ohne Rühren bei mittlerer Hitze erst einmal anschmelzen. Erhitzen Sie alles bei hoher Hitze, dann ist die Gefahr, dass der Karamell zu dunkel gerät, deutlich größer. Bei mittlerer Hitze dauert zwar alles etwas länger, Sie können den Bräunungsgrad allerdings viel besser kontrollieren.

3. Sobald der Zucker mindestens zur Hälfte geschmolzen ist, können Sie sachte mit einem Kochlöffel umrühren, bis sich alles aufgelöst hat und die Farbe sich verändert. Nun so lange weitererhitzen, bis der gewünschte Braunton erreicht ist. Dabei gilt die Faustregel: je dunkler, desto mehr Bitteraromen entstehen. Sorgen Sie am besten für sehr gute Lichtverhältnisse, damit Sie die Farbe zweifelsfrei bestimmen können.

4. Jetzt wird die Flüssigkeit hinzugegossen, dabei erstarrt die Zuckerschicht schlagartig. Die Hitze deutlich herunterschalten und alles so lange sanft erhitzen, bis sich der Karamell wieder vollständig in der Flüssigkeit aufgelöst hat. Für Anfänger: Das kann tatsächlich etwas dauern, er löst sich aber auf – garantiert! Hier ist lediglich etwas Geduld gefragt.

5. Und nun noch eine Alternative: Schmelzen Sie den Zucker nicht pur, sondern mischen Sie ihn im Verhältnis 3:2 mit Wasser. D. h.: Auf 150 g Zucker kommen 100 ml Wasser. Nun köcheln Sie alles unter Rühren so lange, bis der gewünschte Farbton erreicht ist. Während des Köchelns verdunstet das Wasser. Diese Methode ist sicher nicht besonders zeitsparend, dafür aber wirklich sehr sicher.

Weitere Tipps & Tricks

- **Zuckerränder leicht gemacht:** Sie finden einen Zuckerrand am Glas lecker und stylish zugleich? Er ist ganz einfach herzustellen: Geben Sie etwas Zitronensaft, bunten Sirup oder einfach nur Wasser auf eine Untertasse und tauchen Sie den Glasrand darin ein. Auf eine zweite Untertasse verteilen Sie Zucker, in den Sie dann den benetzten Glasrand tauchen – fertig ist der Zuckerrand!

Geben Sie zu Süßspeisen immer auch 1 Prise Salz hinzu. Wenn es nur bei Zucker bleibt, wird es geschmacklich gerne einmal recht eintönig.

- **Zucker ist ein** wunderbarer Stabilisator: Sowohl aufgeschlagene Eigelbmasse als auch Eischnee werden durch eingearbeiteten Zucker deutlich stabiler und eignen sich somit viel besser, um zu Mousse oder Teig weiterverarbeitet zu werden. Teilen Sie daher immer die Gesamtzuckermenge ein wenig auf und arbeiten Sie einen Teil davon auch in den Eischnee ein.

Bewahren Sie Zucker immer luftdicht verschlossen auf. So entstehen keine Klümpchen.

Zucker aromatisieren

- **Vanillezucker:** Mit ausgeschabten Vanilleschoten können Sie sehr leicht Ihren eigenen Vanillezucker herstellen. Als Faustregel gilt: 100 g Zucker pro ausgeschabte Schote. Geben Sie einfach beides in ein sauberes Schraubglas. Nach ca. 2 Wochen ist der Zucker mit feiner Vanille aromatisiert. Eignet sich für alle Süßspeisen.

- **Zitruszucker:** Waschen und trocknen Sie 1 unbehandelte Zitrone, Orange oder eine andere Zitrusfrucht. Reiben Sie dann die Schale ab, ohne jedoch die bittere weiße Unterhaut mit abzureiben. Anschließend mit Zucker gemischt mindestens 2 Wochen in einem Schraubglas stehen lassen. Dabei immer mal wieder umrühren. Als Faustregel gilt: Die abgeriebene Schale von 1 unbehandelten Zitrone aromatisiert ca. 150 g Zucker. Achtung: Durch die Feuchtigkeit der Schale kann der Zucker etwas klumpen. Vor dem Verwenden daher kräftig umrühren oder schütteln. Eignet sich für sehr viele Süßspeisen und auch zum Süßen für Tee.

- **Lavendelzucker:** Unbehandelte Lavendelzweige einige Tage trocknen lassen, anschließend in ein Gewürzsäckchen geben und mit Zucker in ein Glas füllen. Nach ca. 2 Wochen ist der Zucker aromatisiert. Alternativ können auch nur getrocknete Lavendelblüten mit Zucker vermischt werden. Diese verbleiben dann im Zucker, der vor der Verwendung im Blitzhacker mit den Blüten zusammen vermahlen wird. Eignet sich besonders gut für sahnige Mousses und Cremes sowie für Aprikosentartes.

Rund um Schokolade

ACHTUNG

Das kann schiefgehen!

1. Die Schokolade schmilzt nicht, sondern wird klebrig-fest
2. Der Schokoladenüberzug glänzt nicht, sondern ist matt oder weißlich
3. Der Schokoladenüberzug hält nicht
4. Die Ganache ist körnig und grisselig

SOS Pannen Hilfe

1. Die Schokolade schmilzt nicht, sondern wird klebrig-fest

Wenn Schokolade zu stark erhitzt wird, verklumpt sie und wird wieder fest. Wie es richtig geht, erfahren Sie unter *So gelingt's perfekt!*. Doch was tun, wenn es schon passiert ist? Vorneweg: Die Rettung bleibt eine Gratwanderung. Wenn die Schokolade deutlich zu heiß wurde, kann man nichts mehr machen. Doch ein Versuch ist es wert: Nehmen Sie die Masse sofort vom Herd und aus dem Wasserbad und quirlen Sie esslöffelweise kochende Milch oder kochende Sahne unter.

2. Der Schokoladenüberzug glänzt nicht, sondern ist matt oder weißlich

Der Grund für fehlenden Glanz und/oder weiße Flecken: Der Schokoladenguss wurde nicht richtig temperiert oder die Temperaturschwankung beim Abkühlen war zu hoch. Unter *So gelingt's perfekt!* finden Sie eine detaillierte Anleitung zum Temperieren. Die ideale Abkühltemperatur ist 18–20 °C – also Zimmertemperatur. Daher: Geben Sie beim nächsten Mal die Schokolade zum Auskühlen nicht in den Kühlschrank, sondern lassen Sie alles langsam bei Zimmertemperatur erstarren. Wenn es aber nun einmal passiert ist: Immerhin, fehlender Glanz und auch weiße Flecken sind gesundheitlich völlig unbedenklich. Es handelt sich dabei lediglich um ausgetretene Kakaobutter, die die Optik matt und trüb werden lässt. Entweder drücken Sie beide Augen zu oder Sie überziehen alles erneut dünn mit Schokolade – dieses Mal jedoch richtig temperiert und langsam. Sie können die weniger hübsche Optik auch mit einem dünnen Kakaoguss überdecken. Dafür 100 g Puderzucker mit 15 g Kakaopulver in eine Schüssel sieben und 3 Esslöffel kochend heißes Wasser unterquirlen. Direkt auf den Guss streichen und langsam trocknen lassen.

3. Der Schokoladenüberzug hält nicht

Je nach Untergrund kann das Aufbringen von Schokoladenmasse schwierig sein. Das ist zum Beispiel bei zu feuchten oder cremigen Untergründen der Fall. Wenn der Schokoladenüberzug abperlt oder sich zusammenzieht, muss der Untergrund vorbehandelt werden. Am einfachsten gelingt dies mit einer dünnen Staubschicht Puderzucker, die sich als Basis über Obstuntergründen bewährt hat. Bei sehr cremigen oder auch bröseligen Untergründen hilft nur: Erst eine dünne Schicht Marzipan oder auch Fondant darüberlegen. Darauf haftet dann der Schokoguss.

4. Die Ganache ist körnig und grisselig

Enthält die Ganache noch kleine Stückchen Schokolade, so ist sie gut zu retten. Nochmals unter Rühren so lange erwärmen, bis sich die komplette Schokolade aufgelöst hat. Dann auf Zimmertemperatur abkühlen lassen und nochmals entweder 2 Stunden in den Kühlschrank oder 30 Minuten ins Tiefkühlfach stellen. Dann erneut mit dem Quirl aufschlagen. Voilà! Und beim nächsten Mal: von Anfang an darauf achten, dass sich Sahne und Schokolade komplett verbinden, und die kalte Mischung nur so kurz wie möglich schaumig aufschlagen. Lesen Sie hierzu mehr unter *So gelingt's perfekt!*.

So gelingt's perfekt!

Schokolade und Kuvertüre richtig schmelzen

1. Füllen Sie Wasser in einen Topf und hängen Sie eine passgenaue Edelstahlschüssel hinein (das ist wichtig, denn es sollten auf keinen Fall Wasserspritzer in die Schokolade geraten). Überprüfen Sie anschließend, ob der Schüsselboden nass ist – das sollte er nämlich möglichst nicht sein. Zwischen Wasseroberfläche und Schüsselboden sollten mindestens 4 cm Raum sein. Anschließend das Wasser erhitzen.

2. Nun die Schokolade oder Kuvertüre hacken, in die Schüssel geben und unter ständigem Rühren über dem heißen Wasser schmelzen. Achtung: Das Wasser sollte dabei nicht kochen!

3. Als Faustregel gilt: je dunkler die Schokolade oder Kuvertüre, desto mehr Hitze verträgt sie. Während Zartbitterschokolade mit einem sehr hohen Kakaogehalt bis zu 58 °C heiß werden kann, sollte Vollmilchschokolade auf maximal 43 °C und weiße Schokolade sogar nur auf maximal 40 °C erhitzt werden. Der Schmelzpunkt beginnt natürlich schon deutlich früher. Wenn also die Schokolade nicht temperiert werden soll, sondern lediglich geschmolzen wird, um in einer Creme oder einem Teig weiterverarbeitet zu werden, reichen bereits recht niedrige Temperaturen aus. Zur Weiterverarbeitung lässt man die geschmolzene Schokolade wieder leicht abkühlen, die ideale Temperatur beträgt rund 31 °C.

Edle Schokoladenüberzüge für Kuchen und Torten, Pralinendeko, Schokogitter & Co

Schokolade und Kuvertüre temperieren mit der Impfmethode

Sollen mit Schokolade oder Kuvertüre ein Torten- oder Kuchenüberzug gezaubert, Pralinen umhüllt oder ein Schokoladengitter gebastelt werden, dann sollte die Schokolade vorher unbedingt temperiert werden. Sie hat dann zum einen eine schönere Optik und zum anderen bricht sie auch nicht so leicht. Die Impfmethode ist die einfachste Art, Schokolade ohne teure Sonderausstattung zu temperieren. Lediglich ein recht gebräuchliches Sonderutensil ist dabei vonnöten: ein Küchenthermometer.

Doch noch eine Frage vorneweg: Soll man zu Schokolade oder zu Kuvertüre greifen? Das ist letztlich Geschmackssache. Für Kuvertüre spricht: Sie hat im Gegensatz zur Schokolade einen höheren Kakaobutteranteil – das macht sie beim Schmelzen dünnflüssiger und den Überzug somit dünner.

1. Wie schon beim Schmelzen sollte ein Wasserbad aufgesetzt werden. Die Edelstahlschüssel für die Schokolade sollte die korrekte Größe haben, und zwischen Wasser und Schüsselboden sollten mindestens 4 cm Abstand sein.

Ob Sie Schokolade oder Kuvertüre für den Schokoüberzug bevorzugen, ist reine Geschmackssache

2. Die Kuvertüre wird nun fein gehackt. Dann wird die Hälfte unter Rühren im Wasserbad geschmolzen. Die Temperatur sollte dabei nicht über 40 °C steigen.

3. Die Kuvertüre aus dem Wasserbad nehmen und die restliche gehackte Kuvertüre in kleinen Portionen unterrühren. Bei diesem Vorgang sollte die Zartbitterkuvertüre auf 30–33 °C, weiße und Vollmilchkuvertüre auf 29–30 °C herabgekühlt werden, bis sie dickflüssig ist.

4. Nun die Schüssel wieder ins Wasserbad hängen und auf 32 °C erwärmen. Jetzt ist die Schokolade temperiert und kann je nach Verwendungszweck weiterverarbeitet werden. Ist die Schokolade kälter, dann ist sie zu dickflüssig zum Weiterverarbeiten, ist sie wärmer, so bilden sich auf der Oberfläche Schlieren, weil sich die Kakaobutter abtrennt.

5. Ein wichtiger Tipp zum Schluss: Auch Kuchen, Torten und Pralinen, die überzogen werden, sollten idealerweise nicht aus dem Kühlschrank kommen, sondern zwischen 20 und 27 °C, also etwas über Zimmertemperatur, liegen. Sind sie nämlich zu kalt, erstarrt der Schokoguss zu schnell. Das Ergebnis: Der Guss härtet ungleichmäßig aus, es können sich Schlieren und weiße Flecken bilden.

So gelingt's perfekt!

Die perfekte Ganache

Je nach Mischungsverhältnis von Sahne und Schokolade kann die Pariser Creme, wie Ganache auch genannt wird, entweder zum Überziehen von Kuchen und Torten oder zum Füllen verwendet werden. Dabei gibt es zwei Faustregeln:

- Je höher der Anteil der Schokolade, desto fester wird die Mischung.
- Je dunkler die verwendete Schokolade, desto fester wird die Ganache beim Aufschlagen.

1. Die Schokolade fein hacken und in eine hitzebeständige Schüssel füllen.

2. Die Sahne unter Rühren erhitzen, jedoch nicht kochen.

3. Die Sahne über die Schokolade gießen und die Mischung ohne zu rühren ca. 5 Minuten stehen lassen.

4. Alles glatt verrühren und auf Zimmertemperatur abkühlen lassen.

5. Die Mischung mindestens 2 Stunden kühl stellen.

6. Die Ganache mit dem Quirl aufschlagen. Dabei nicht unnötig lange schlagen, sonst flockt die Schokolade wieder aus und die Creme wird grisselig.

Weitere Tipps & Tricks

Temperatur

- **Damit Schokolade und** Kuvertüre immer ansehnlich bleiben, sollten sie keinen starken Temperaturschwankungen ausgesetzt werden. Vermeiden Sie daher den Kühlschrank ebenso wie direkte Sonneneinstrahlung. Die ideale Aufbewahrungstemperatur beträgt 18–20 °C.

- **Wer es besonders** schnell mag: Statt Schokolade zu raspeln, kann sie zum Zerkleinern auch mit einem Fleischklopfer bearbeitet werden. Dafür die Schokolade ebenfalls ca. 1 Stunde kühl stellen und anschließend mit dem Fleischklopfer (beispielsweise in einem Gefrierbeutel) bis zum gewünschten Grad zerkleinern.

Schokolade und Kuvertüre lassen sich besonders gut reiben, wenn sie vorher ca. 1 Stunde in den Kühlschrank kommen.

Die Geliermittel

Für viele Desserts und Tortenfüllungen unerlässlich: Gelatine oder die vegane Variante Agar-Agar. Beides gibt Halt und Standfestigkeit – vorausgesetzt, man verwendet die Geliermittel richtig.

Gelatine

ACHTUNG

Das kann schiefgehen!

1. **Die Creme/die Mousse wird trotz der Zugabe von Gelatine nicht fest**
2. **Die Gelatine löst sich in der Creme nicht richtig auf**

SOS Pannen Hilfe

1. Die Creme/die Mousse wird trotz der Zugabe von Gelatine nicht fest

Wird die Mousse oder Creme nicht fest, so kann das folgende Ursachen haben:

- Es wurde zu wenig Gelatine verwendet.
- Die Gelatine wurde zu stark/zu hoch erhitzt und hat deshalb ihre Bindungseigenschaft eingebüßt.
- In Mousse oder Creme sind Früchte enthalten (z. B. Kiwi oder Ananas), deren Enzyme das Eiweiß der Gelatine spalten, sodass sie nicht mehr gelieren kann.

Bei den ersten beiden Punkten hilft nur: erneut Gelatine einweichen und im Wasserbad unter Rühren sanft erwärmen, bis sie flüssig ist. Dann 3 Esslöffel der Creme unterrühren und diese Mischung anschließend zur restlichen Creme rühren. Sind Sie sicher, dass die Gelatine beim ersten Mal nicht zu hoch erhitzt wurde, sondern dass lediglich etwas zu wenig verwendet wurde, dann ergänzen Sie einfach die fehlende Anzahl an Blättern. Befürchten Sie, dass die Gelatine zu hoch erhitzt wurde, müssen Sie die volle Anzahl an Blättern ergänzen.

Faustregel: Wie viel Gelatine für 500 ml oder 500 g?

- Das Wichtigste: nur so viel wie nötig und so wenig wie möglich. Denn: Wenn zu viel Gelatine verwendet wird, gerät die Creme oder Mousse gummiartig.
- Für Tortenfüllungen und stichfeste Mousse benötigt man 6 Blatt Gelatine oder 9 g Gelatinepulver.
- Für cremigere Konsistenzen reichen 4 Blatt Gelatine bzw. 7 g Gelatinepulver.
- Wenn feste Gelees oder Mousses hergestellt werden sollen, die auch gestürzt werden können, so gilt: 8 Blatt Gelatine bzw. 12 g Pulver.

Bei der letztgenannten Ursache ist die Pannenhilfe nur mit Agar-Agar möglich. Dieses hat höhere Geliereigenschaften als Gelatine und reagiert auch unempfindlicher auf bestimmte Enzyme. Ein Püree aus roher Kiwi lässt sich allerdings auch mit Agar-Agar nicht gelieren. Beim nächsten Mal: die Früchte vorher dünsten. Dadurch werden die Enzyme zerstört und die Früchte lassen sich ohne Probleme verarbeiten. Für die Verwendung von Agar-Agar lesen Sie den zweiten Teil des Kapitels.

2. Die Gelatine löst sich in der Creme nicht richtig auf

Löst sich die Gelatine in Mousse oder Creme nicht richtig auf und bilden sich Schlieren oder gar Klümpchen, kann das folgende Ursachen haben:

- Die Gelatine wurde nicht ausreichend lange in kaltem Wasser eingeweicht.
- Gelatineblätter klebten während des Einweichens aneinander, sodass sie nur zum Teil einweichen konnten.
- Das Vermischen von aufgelöster Gelatine und Mousse oder Creme verlief zu plötzlich, ein Angleichen beider Massen unterblieb.

Unter: *So gelingt's perfekt* erfahren Sie alles über die richtige Verarbeitung von Gelatine, inklusive Einweichtipps und dem Prozess des Angleichens. Die Pannenhilfe bei Schlieren und Ähnlichem: Eine Creme streichen Sie am besten durch ein Sieb. So werden die Schlieren herausgefiltert. Dann weichen Sie einfach noch mal erneut Gelatine ein und starten einen neuen Versuch. Eine Mousse kann leider nicht mehr gerettet werden, dann sie würde beim Passieren ihre Luftigkeit einbüßen.

So gelingt's perfekt!

Die perfekte Quarkmousse

Gelatine nach Packungsanweisung in kaltem Wasser einweichen. Achten Sie darauf, dass die einzelnen Blätter nicht zusammenkleben, sondern wirklich jedes Blatt von Wasser umgeben ist. Nur so kann die Gelatine richtig quellen.

1. Quark mit dem Zucker und weiteren Geschmacksgebern (z. B. Zitronensaft und -schale) cremig rühren, bis sich die Zuckerkristalle aufgelöst haben.

2. Sahne steif schlagen.

3. Die Gelatine ausdrücken und im heißen Wasserbad unter ständigem Rühren nur so lange erwärmen, bis sie flüssig ist. Dann sofort aus dem Wasserbad nehmen. Vorsicht! Gelatine sollte maximal auf 80 °C erhitzt werden. Sonst verändert sich das in der Gelatine enthaltene Eiweiß und sie kann nicht mehr gelieren.

4. Nun der wichtigste Arbeitsschritt – das so genannte Angleichen: esslöffelweise sorgfältig etwas Quarkmasse unter die Gelatine rühren. Dies sollte zügig geschehen, denn die kühle Quarkmasse führt schnell dazu, dass die Gelatine fest wird und sich Schlieren bilden.

5. Die angeglichene Gelatinemischung in die verbliebene Quarkmasse rühren.

6. Die Sahne unterheben und alles rund 3 Stunden kühl stellen.

Die richtige Handhabung der verschiedenen Geliermittel ist Voraussetzung, sonst wird die Masse nicht fest

Alternativen

- Häufig liest man, dass die geschlagene Sahne erst in die bereits gelierende Creme gerührt wird. Dies birgt aber immer auch die Gefahr, dass man den perfekten Zeitpunkt verpasst und die Masse nicht mehr richtig homogen wird. Wer also auf Nummer sicher gehen möchte, orientiert sich an den oben genannten Arbeitsschritten.
- Wenn auch Eier in die Mousse oder Creme kommen, ist Folgendes zu beachten: Eigelb und Eiweiß werden in der Regel getrennt voneinander aufgeschlagen. Wird die Eigelbmasse im heißen Wasserbad aufgeschlagen, so kann die Gelatine auch direkt in dem warmen Eierschaum aufgelöst werden. Der Eischnee wird dann vor der Sahne unter die Creme gehoben.
- Bei der Verwendung von Gelatinepulver: das Pulver nach Packungsanweisung ebenfalls in kaltes Wasser einrühren, rund 5 Minuten quellen lassen und während des Einweichens immer mal durchrühren, damit sich keine Klümpchen bilden. 1 Beutel Gelatinepulver, also 9 g, wird mit 6 Esslöffeln kaltem Wasser verrührt.

1. Gelatineblätter in kaltem Wasser einweichen. Herausnehmen und ausdrücken.

2. Bei warmen Massen Gelatine unter Rühren direkt in der Masse auflösen (nicht kochen!). Kalt stellen.

3. Bei kalten Massen Gelatine erwärmen und verflüssigen. 1 Esslöffel der Masse unterrühren. Dann restliche Masse unterrühren. Kalt stellen.

Weitere Tipps & Tricks

Mousse stürzen

- **Soll eine Mousse** gestürzt werden: ein spitzes Messer in heißes Wasser tauchen, abtrocknen und damit rundherum am Rand entlangfahren. Dann das Förmchen bis knapp unter den Rand in heißes Wasser tauchen und anschließend sofort stürzen. Die Wärmeübertragung ist bei Kunststoffförmchen langsamer als bei Edelstahl – sie müssen daher etwas länger getaucht werden.

- **Naschkatzen aufgepasst:** Stecken Sie besser nicht den Probierlöffel zwischendurch in die ganze Creme. Speichel enthält Enzyme, die die Gelierfähigkeit beeinträchtigen.

- **Ist die Creme** oder die Mousse fertig und auf dem Tortenboden oder in Förmchen, dann sollte alles sofort in den Kühlschrank – allerdings unbedingt abgedeckt mit Frischhaltefolie. So kann die Oberfläche nicht austrocknen und eine unangenehme Haut bilden, zudem werden keine fremden Gerüche übertragen.

Mousse-Nocken formen Sie am besten mithilfe von 2 Esslöffeln. Diese hin und wieder in heißes Wasser tauchen.

Agar-Agar

ACHTUNG
Das kann schiefgehen!

1. Die Masse wird zu fest

2. Die Masse wird nicht fest

SOS Pannen Hilfe

1. Die Masse wird zu fest

Ist die zu gelierende Masse zu fest geraten, kann sie gerettet werden, wenn es sich dabei um Fruchtpürees oder Saft handelt. Hierbei einfach die Masse wieder erhitzen, bis sie flüssig ist, und mit weiterer Flüssigkeit verdünnen. Da Agar-Agar je nach Hersteller in der Gelierfähigkeit leicht variiert und sich auch bei den zu gelierenden Massen anders verhält, empfiehlt sich generell eine Gelierprobe.

Gelierprobe

1 Teelöffel der zu gelierenden Masse in ein Schälchen geben und nach ca. 3 Minuten prüfen, wie die Konsistenz ist. Ist sie zu fest, kann direkt verdünnt werden. Bei schaumigen Angelegenheiten wie zum Beispiel einer Mousse ist leider nichts mehr zu retten.

2. Die Masse wird nicht fest

Stellt man nach der Gelierprobe fest, dass die Mischung zu dünn geraten ist, kommt einfach weiteres Agar-Agar hinzu. Hierfür bei Pürees oder Säften einfach weiteres Agar-Agar hinzugeben und ca. 2 Minuten unter Rühren kochen lassen.

- **Agar-Agar wird** bei 95 °C flüssig und geliert bereits ab 45 °C. Es ist somit deutlich hitzestabiler als Gelatine. Zur Verwendung wird Agar-Agar in der Regel mit Flüssigkeit ca. 5 Minuten unter Rühren aufgekocht. Anschließend erfolgt, ebenso wie bei der Gelatine, das Angleichen mit der kalten Flüssigkeit oder Masse.

- **Als Faustregel für** die Mengen gilt: ¾ Teelöffel Agar-Agar entsprechen in etwa 6 Blatt Gelatine und reichen daher für 500 ml Flüssigkeit (bei 200 ml daher ¼ Teelöffel Agar-Agar verwenden, bei 1 Liter 1 Teelöffel).

- **Agar-Agar** wird auch Ceylontang, Japanischer Fischleim oder Chinesische Gelatine genannt. Es wird aus Algen hergestellt und ist eine gute vegetarische Alternative zu Gelatine. Der dezente Geruch nach Meer verfliegt bei der Verarbeitung. Es wird zumeist als Pulver, aber auch in Form von Flocken, Stangen, Streifen oder Blättern angeboten. Die Verwendung ist einfach – damit es geliert, muss es bloß aufgekocht werden.

Mousse, Pudding, Buttercreme & Co.

ACHTUNG
Das kann schiefgehen!

1. Die Mousse ist nicht luftig
2. Die Mousse ist nicht stichfest
3. Die Buttercreme gerinnt
4. Auf dem Pudding hat sich eine Haut gebildet
5. Der Pudding ist angebrannt

SOS Pannen Hilfe

1. Die Mousse ist nicht luftig

Wenn die aufgeschlagene Sahne in Kombination mit dem aufgeschlagenen Eigelb nicht die gewünschte luftige Konsistenz ergibt, dann können Sie noch Eischnee unterheben. Dafür die von den Eiern übrig gebliebenen Eiweiße mit 1 Prise Salz steif schlagen und pro Eiweiß 1–2 Esslöffel Zucker hinzugeben. Dann so lange weiterschlagen, bis sich die Zuckerkristalle aufgelöst haben und die Masse erneut wieder schön fest ist (direkt nach der Zugabe des Zuckers wird sie erst einmal weicher).

2. Die Mousse ist nicht stichfest

Beim Kontrollieren der luftigen Köstlichkeit fällt auf: Sie ist zu weich. Was nun? Wenn es nicht an unzureichender Kühlung liegt, hilft nur eines: etwas Gelatine einweichen und dann unter Rühren erhitzen, bis sie flüssig ist, oder Agar-Agar kochen. Dann die Geliermittel vom Herd nehmen, zügig 3 Esslöffel der Mousse oder Creme unterrühren und diese Mischung mit der restlichen Creme vermischen. Weitere 3 Stunden kühl stellen. Falls die Rettung auf diesem Weg nicht infrage kommt (etwa weil es sich um eine bereits zusammengebaute Torte handelt), können Sie eine Parfait-Torte daraus machen. Stellen Sie die Torte abgedeckt für mindestens 3 Stunden ins Tiefkühlfach und lassen Sie sie anfrieren.

3. Die Buttercreme gerinnt

Sobald Sie merken, dass die Buttercreme gerinnt, gibt es mehrere Rettungsmöglichkeiten:

- Auf keinen Fall mehr Pudding oder Eigelbe unterrühren. Nehmen Sie stattdessen 1 zimmerwarmes Eigelb und quirlen dieses mit 1 Esslöffel Zucker schaumig, bis sich die Zuckerkristalle aufgelöst haben. Nun geben Sie esslöffelweise die geronnene Buttermischung hinzu. Meistens klappt diese Methode – vorausgesetzt, alle Bestandteile sind tatsächlich zimmerwarm und jeder Esslöffel Mischung wird ausdauernd und so lange untergerührt, bis sich alle Bestandteile vollständig miteinander verbunden haben.
- Eine andere Methode: Geben Sie die Creme sofort in ein heißes Wasserbad und quirlen Sie sie darin so lange, bis sich alle Zutaten miteinander verbunden haben.
- Damit es gar nicht erst passiert: Rühren Sie die Hälfte der Butter zuerst in den noch heißen Pudding und arbeiten Sie anschließend mit dieser abgekühlten Mischung weiter.

4. Auf dem Pudding hat sich eine Haut gebildet

Hat sich die Haut erst einmal gebildet, hilft nur noch, sie vorsichtig abzunehmen. Auf keinen Fall unterrühren, sonst verteilen sich kleine Stückchen der Haut im gesamten Pudding. Und beim nächsten Mal: Die Puddingoberfläche dünn mit Zucker bestreuen, je nach Verwendungszweck kalt rühren oder sofort mit Backpapier abdecken. Frischhaltefolie eignet sich nicht, da sie nicht hitzebeständig genug ist.

5. Der Pudding ist angebrannt

Ist der Pudding angebrannt: auf keinen Fall umrühren, sondern direkt und unverzüglich in einen sauberen Topf füllen. Wenn er nicht zu stark angebrannt ist, dann ist der angebrannte Geschmack noch nicht oder kaum in den Pudding übergegangen. Um den Pudding etwas aufzufrischen, können Sie etwas abgeriebene Schale einer unbehandelten Zitrone unterrühren.

So gelingt's perfekt!

Die perfekte Pudding-Buttercreme

1. Aus Milch, Zucker und Puddingpulver nach Packungsanweisung einen Pudding kochen. Den Pudding nach dem Kochen kalt rühren, bis er Zimmertemperatur hat. Auf diese Weise bleibt er zum einen schön cremig und zum anderen wird so verhindert, dass sich eine Haut bildet.

2. Die Butter mit dem Zucker mindestens 15 Minuten schaumig quirlen. Die Masse sollte danach zum einen zimmerwarm sein und zum anderen weißlich-schaumig vom Löffel fallen.

3. Den Pudding esslöffelweise zur Butter quirlen. Dabei mit dem nächsten Esslöffel immer so lange warten, bis sich der vorangegangene vollständig mit der Masse verbunden hat. Das ist zwar zeitaufwendig, dafür aber sicher.

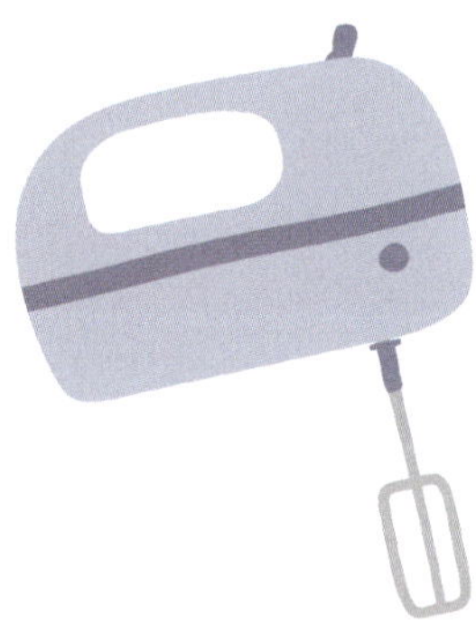

Die Grundlage aller Buttercremes ist die schaumig aufgeschlagene Butter. Halten Sie sich hier unbedingt an die Zeitvorgaben

Die perfekte französische Buttercreme (mit Eischaum, ohne Pudding)

1. Die Eier mit dem Zucker dick-schaumig aufschlagen. Dann ca. 4 Minuten im heißen Wasserbad weiter aufschlagen. Herausnehmen und weiterquirlen, bis die Masse wieder Zimmertemperatur hat.

2. Die Butter mindestens 15 Minuten schaumig quirlen. Nach Belieben und Rezept mit Vanille aromatisieren.

3. Esslöffelweise nun die Eiermischung hinzuquirlen. Dabei ebenfalls mit dem nächsten Esslöffel so lange warten, bis sich der vorangegangene vollständig mit der Masse verbunden hat.

Das Wichtigste zur Buttercreme auf einen Blick

1. Damit Butter wirklich schaumig wird, muss sie zum einen Zimmertemperatur haben, zum anderen richtig lange geschlagen werden – rechnen Sie mit 15–20 Minuten. Da naturgemäß die Butter, besonders am Anfang, in der Rührschüssel umherspritzt und an den Seiten hängen bleibt, sollten Sie immer wieder Pausen machen und mit einem Teigschaber alles von den Seiten kratzen. Falls Sie vergessen haben, die Butter rechtzeitig aus dem Kühlschrank zu holen, schneiden Sie die zu verarbeitende kalte Butter in möglichst dünne Scheiben und legen sie mit etwas Abstand auf einen Teller. So geht es viel schneller, bis sie Zimmertemperatur angenommen hat.

2. Egal, was Sie alles zur schaumigen Butter rühren: Ob Puddingmasse, Eier, Alkohol, geschmolzene Schokolade oder Fruchtpürees – alle Zutaten müssen zimmerwarm sein und dieselbe Temperatur haben wie die Buttermasse.

3. Buttercreme kann vorbereitet werden. Sie hält verschlossen im Kühlschrank rund 4 Tage. Vor dem Verarbeiten zur Torte muss sie rechtzeitig aus dem Kühlschrank geholt werden, damit sie Zimmertemperatur annehmen kann. Anschließend muss die Torte zum erneuten Festwerden wieder rund 3 Stunden kühl gestellt werden.

Weitere Tipps & Tricks

Pudding

• **Ihnen ist das** Puddingpulver ausgegangen – Sie brauchen für Ihre Creme oder Ihren Kuchen aber dringend Vanillepudding? Kein Problem! Von 500 ml Milch 100 ml abnehmen und mit 2 Eigelb, 3 Esslöffeln Speisestärke, 40 g Zucker und dem ausgeschabten Mark von 1 Vanilleschote verquirlen. Die restliche Milch aufkochen, die angerührte Masse hineinquirlen und unter Rühren einmal aufwallen lassen. Fertig!

Wer mag, kann die 2 übrig gebliebenen Eiweiße mit 1 Prise Salz aufschlagen, 2 Esslöffel Zucker hineinquirlen und die Mischung dann unter den abgekühlten Pudding heben. So wird er noch schaumiger.

Pudding setzt nicht so schnell an, wenn Sie den Topfboden vorher mit etwas Butter einfetten.

• **Puddingpulver eignet sich** hervorragend, um Fruchtfüllungen für Kuchen und Torten anzudicken. Rühren Sie einfach etwas Puddingpulver in etwas passendem Fruchtsaft glatt und geben Sie es unter die Obstmischung. Einmal alles aufwallen lassen – fertig!

• **Falls Sie den** Pudding nach dem Erstarren stürzen wollen: Spülen Sie die Förmchen vor dem Befüllen mit kaltem Wasser aus.

Cremig

• **Falls Sie den** Pudding für eine Cremespeise verwenden oder in einer Buttercreme verarbeiten: Ersetzen Sie die Hälfte der Milch durch Sahne. So wird er ganz besonders cremig.

Eier

- **Beim Trennen von** Eiern sollte man die Eiweiße immer zuerst über einer Tasse aufschlagen und erst dann in die Rührschüssel, in der sie weiterverarbeitet werden sollen, geben. Wenn nämlich bei diesem Vorgehen ein Eigelb aufgeht und zum Eiweiß fließt, sind nicht alle Eiweiße ruiniert, sondern man muss lediglich 1 Ei neu aufschlagen.

Sahne

- **Sahne schlagen:** Die Sahne muss vor dem Schlagen immer sehr gut gekühlt sein, die Zimmertemperatur möglichst niedrig. Da das im Sommer schwierig ist, sollten dann auch die Rührschüssel und die Quirlstäbe vor dem Schlagen aus dem Kühlschrank kommen oder für 30 Minuten im Tiefkühlfach geparkt gewesen sein.
- Beim Aufschlagen von Sahne gilt die Faustregel: so lange schlagen wie nötig, aber so kurz wie möglich. Soll heißen: Gerade im Hochsommer sollten Sie darauf verzichten, ganz feste Schlagsahne zu erhalten – es sei denn, Sie verwenden Sahnesteif. Pur geschlagen, schmeckt Sahne zwar besser, flockt aber bei wärmeren Temperaturen leicht aus. Begnügen Sie sich in diesem Fall lieber mit einer etwas weicheren Schlagsahne.

Hefeteig

ACHTUNG

Das kann schiefgehen!

1. Der Hefeteig geht nicht auf
2. Der Hefeteig zieht sich beim Ausrollen immer wieder zusammen
3. Der Hefekuchen schmeckt zu sehr nach Hefe

SOS Pannen Hilfe

1. Der Hefeteig geht nicht auf

Geht der Teig nicht wie gewünscht auf, kann das mehrere Gründe haben:

- die Hefe war zu alt
- die Hefe wurde zu heiß angerührt
- die Hefe hat zu viel Fett abbekommen
- der Teig hatte zu wenig Zeit oder hat Zugluft abbekommen

SOS Pannen Hilfe

Bei den ersten beiden Ursachen gibt es keine Pannenhilfe, denn die Hefepilze, die dafür sorgen, dass der Teig schön luftig wird, sind unwiederbringlich zerstört. Bei der dritten Ursache gilt: Wird die Hefe nicht richtig angerührt und kommt zu schnell in direkten Kontakt mit Fett, kann das die Aktivität der Hefepilze hemmen. So kann man versuchen, das Problem zu beheben: Kneten Sie den Teig nochmals richtig gründlich durch, sodass sich die verschiedenen Bestandteile gleichmäßig verteilen. Lassen Sie anschließend den Teig abgedeckt an einem warmen Ort ruhen. Mehr oder weniger gilt dies auch für die letzte Ursache: Hat die Hefe Luftzug abbekommen oder ist es ihr einfach zu kalt, dann geht der Teig nicht wie gewünscht auf oder braucht zumindest viel länger. Decken Sie daher den Teig mit einem Küchentuch ab und stellen Sie ihn an einen warmen Ort. Am besten geht die Hefe bei Temperaturen um 30 °C. Achtung: Ab 45 °C sterben die Hefepilze ab. Die Schüssel sollte also nie in den aufgewärmten Backofen kommen. Da wird es dem Teig schnell zu heiß.

2. Der Hefeteig zieht sich beim Ausrollen immer wieder zusammen

Wenn sich der Teig nach dem zweiten Gehen nur schlecht ausrollen lässt und immer wieder zusammenzieht, braucht er noch mehr Ruhe. Formen Sie den Teig einfach noch mal zu einer Kugel und lassen Sie ihn weitere 15 Minuten gehen. Danach sollte das Ausrollen deutlich besser klappen.

3. Der Hefekuchen schmeckt zu sehr nach Hefe

Hier unterscheiden sich die Geschmäcker sehr stark. Während viele den Hefegeschmack geradezu schätzen, stört er andere erheblich. Wenn das so ist: Reduzieren Sie beim nächsten Mal die Hefe und lassen Sie den Teig einfach länger gehen. Meist kann die Hefe deutlich reduziert werden, und sie ist dann im fertigen Gebäck viel schwächer zu schmecken. Als Faustregel gilt: Je weniger Fett und Öl der Teig enthält, desto weniger Hefe braucht er, um luftig zu werden. Im Fachjargon spricht man von leichten und schweren Hefeteigen. Lesen Sie hierzu weiter unter *Tipps & Tricks*.

- **Hefeteig ohne Zuckerzusatz** wird üblicherweise für Brot, Brötchen und Pizzateig verwendet. Leicht gesüßt wird der Hefeteig bei Dampfnudeln, Buchteln und Schnecken eingesetzt. Süß wird er vor allem für ungefüllte Kuchen wie Hefezopf, Gugelhupf und Stollen verwendet.

So gelingt's perfekt!

Der perfekte Gugelhupf

Der Gugelhupf ist ein absoluter Klassiker. Saftig und locker, süß, aber nicht zu süß und mit feinem Hefearoma, ist er der Inbegriff von Gemütlichkeit und nachmittäglicher Geselligkeit. Doch eigentlich kann man ihn auch schon sehr gut zum Frühstück essen.

1. Holen Sie alle Zutaten mindestens 1 Stunde vor Backbeginn aus dem Kühlschrank. So stellen Sie sicher, dass die Eier und alle anderen Zutaten zimmerwarm sind.

2. Erwärmen Sie die Hälfte der Milch mit 1 Esslöffel Zucker, bis sie gut handwarm ist. Füllen Sie die erwärmte Milch anschließend in eine Schale und bröseln Sie die Hefe hinein. Verrühren Sie diese kurz mit einer Gabel und rühren Sie anschließend rund 4 Esslöffel Mehl hinzu. Decken Sie diesen Vorteig ab und lassen Sie ihn 15–20 Minuten gehen.

3. Erwärmen Sie in dieser Zeit die restliche Milch auf Handwärme und lösen Sie darin die restliche Butter auf.

4. Verquirlen Sie in einer ausreichend großen Schüssel die Eier mit dem restlichen Zucker, geben Sie das Salz sowie die Milch-Butter-Mischung

Mit den richtigen Tipps und Kniffen wird Ihr Gugelhupf auch handwerklich zum Meisterwerk

hinzu. Sieben Sie nun das Mehl darüber und geben Sie zum Schluss den Vorteig hinzu. Beachten Sie: Die weiteren Zutaten (z. B. eingeweichte Rosinen) kommen erst später hinzu. Kneten Sie nun den Teig glatt, formen Sie ihn zu einer Kugel und lassen Sie ihn in der Schüssel abgedeckt an einem warmen Ort so lange gehen, bis sich das Volumen ungefähr verdoppelt hat. Das dauert ca. 1 Stunde.

5. Fetten Sie nun die Form ein. Kneten Sie den Teig auf einer bemehlten Arbeitsfläche kräftig durch und dabei die weiteren Zutaten ein. Formen Sie den Teig anschließend zu einer Rolle und legen Sie diese in die Form.

6. Decken Sie die Form mit einem Küchentuch ab und lassen Sie den Teig erneut rund 30 Minuten gehen, bis sich das Volumen wieder vergrößert hat (das durch das kräftige Durchkneten zuvor verringert wurde).

7. Anschließend backen Sie den Gugelhupf wie angegeben.

So gelingt's perfekt!

Der perfekte Pizzateig

Anders als beim süßen Gugelhupf soll der perfekte Pizzateig gar nicht so sehr aufgehen. Dafür soll er auf der Unterseite knusprig sein, in der Mitte weich, insgesamt dünn bleiben und auch bei üppigem Belag nicht matschig. Gar nicht so einfach? Doch! Mit dieser Zubereitungsart gelingt er perfekt und ist denkbar einfach: Mehl, ganz wenig Hefe, Leitungswasser, Salz, etwas Olivenöl – und ein paar Stunden zum Gehen.

1. Als Faustregel gilt: Auf 500 g Mehl kommen 5 g Hefe, d. h. ⅛ des frischen Würfels.

2. Zuerst kommen bei den oben genannten Mengen erst einmal nur 300 g Mehl, die zerbröckelte Hefe, 20 g Salz und 300 ml kaltes Wasser in eine Schüssel. Diese Mischung wird verquirlt, abgedeckt und 20 Minuten stehen gelassen. Der Teig ist zu diesem Zeitpunkt sehr dünnflüssig.

3. Nach und nach werden dann das restliche Mehl und 5 Esslöffel Olivenöl untergerührt. Wenn sich der Teig als Ballen vom Schüsselboden löst, ist genug Mehl eingearbeitet. Der Teig bleibt auch danach weiterhin sehr weich. Man

Besser und günstiger als jedes Tiefkühlprodukt. Und das Beste: Sie bestimmen, was draufkommt!

kann ihn zwar formen, nach und nach verläuft er aber wieder. Erneut wird der Teig abgedeckt und ruht 20 Minuten.

4. Der Teig wird auf eine bemehlte Arbeitsfläche gegeben, mit Mehl bestäubt und durchgeknetet. Danach in 4 Portionen teilen und jede von ihnen in einer mit Frischhaltefolie abgedeckten Schüssel mindestens 4, besser noch 24 Stunden, ruhen lassen.

5. Die Teigportionen auf einer bemehlten Arbeitsfläche durchkneten und rund ausrollen. Dann nach jeweiligem Rezept belegen und backen.

Weitere Tipps & Tricks

- **Das Wichtigste am** Anfang: Je nach Wetterlage, Hefe- und Mehlqualität verhält sich Hefeteig immer anders. Mal geht er schneller auf, mal langsamer, mal muss etwas mehr Mehl dazugeknetet werden, mal nicht. Da Hefeteig etwas Lebendiges ist, sollten Sie sich nicht ausschließlich an den Rezeptangaben orientieren, sondern daran, was Sie sehen: Wenn der Hefeteig schon nach 30 Minuten sein Volumen verdoppelt hat, können Sie mit der Weiterverarbeitung beginnen. Und wenn er 2 Stunden braucht, um ausreichend Volumen zu entwickeln, sollten Sie ihm diese Zeit eben geben. Generell gilt : Hefeteig ist längst nicht so heikel wie sein Ruf, doch gerade bei ihm hilft in der Praxis gesammelte Erfahrung am allerbesten, um ein perfektes Ergebnis zu erzielen.

- **Wenn Sie sich** nicht sicher sind, ob Ihre frische Hefe noch gut ist: Zupfen Sie ein kleines Stückchen ab und geben es in eine Tasse mit warmem Wasser. Steigt es nach oben, hat die Hefe noch genügend Triebkraft.

- **Sie können Hefeteig** mit frischer und mit getrockneter Hefe zubereiten. Trockenhefe hält deutlich länger, ist aber nicht so leistungsstark. Wenn möglich, bereiten Sie Ihren Hefeteig daher mit frischer Hefe aus dem Kühlregal zu. 1 Würfel wiegt immer 42 g und reicht je nach Verwendungszweck und Teigsorte für 500 g – 2 kg Mehl.

Hefeteig benötigt nicht zwingend Fett und ist somit ziemlich kalorienfreundlich. Die einzig unverzichtbaren Zutaten sind Hefe, Wasser und Mehl.

• **Bisweilen ist zu** lesen, dass Kälte Hefepilze abtötet. Das ist allerdings eine Küchenmähr, die sich leider hartnäckig hält. Hefepilze werden durch Hitze abgetötet, durch Kälte jedoch nur in den Winterschlaf geschickt. Daher gilt: Hefeteig kann sogar im Kühlschrank zubereitet werden, wie bereits beim Pizzateig erwähnt. Die Hefepilze wirken dann zwar wesentlich langsamer, dennoch arbeiten sie. Der Teig wird auf diese Weise feinporiger als beim schnelleren Gehen bei Zimmertemperatur. Diese Methode bietet sich besonders bei herzhaften Hefeteigen an, Sie können aber auch süßen Hefeteig über Nacht in den Kühlschrank stellen. Am nächsten Morgen ist er schön aufgegangen. Dann herausholen, ca. 1 Stunde auf Zimmertemperatur bringen, durchkneten und wie im Rezept beschrieben weiterverfahren. Dieses Verfahren eignet sich besonders für ganz frisches, noch warmes Hefegebäck zum Brunch, z. B. Brioches oder Zopf.

Muskeltraining

• **Hefeteig gelingt am** besten, wenn er ausreichend lange geknetet wird, denn nur so kann sich das Klebergerüst voll entwickeln. Dafür den aufgegangenen Teig mindestens 5 Minuten kräftig kneten und dabei auch immer wieder einmal auf die bemehlte Arbeitsfläche schlagen. Betrachten Sie das einfach als häusliches Workout für Ihre Arme …

• **Wenn Sie mit** Trockenhefe arbeiten, entfällt das Zubereiten eines Vorteigs (also das Verrühren der Hefe mit lauwarmer Milch, etwas Zucker und Mehl sowie die erste Gehphase von rund 20 Minuten).

Mehlsorte

• **Bei der Mehlsorte** können Sie wählen: Weizenmehl Type 550 gilt als besonders backstark und geeignet. Sie können aber auch das gängige 405er Mehl zu feinem Hefeteig verarbeiten. Doch nicht nur Weizenmehl ist möglich, sondern generell jedes Mehl, das Kleber bildet. Dazu zählen neben Weizen- auch Buchweizen-, Dinkel- und Gerstenmehl. Roggen- und Maismehl sind nicht geeignet und sollten höchstens beigemischt werden.

Weitere Tipps & Tricks

• **Haben Sie zu** viele Teilchen gebacken oder ist vom frischen Kuchen noch etwas übrig: Hefeteig lässt sich außerordentlich gut einfrieren. Am besten frieren Sie die vollständig abgekühlten, aber noch ganz frischen Teilchen ein. Diese dafür portioniert in Tiefkühlbeutel verpacken. Zum langsamen Auftauen nicht auspacken und in den Kühlschrank geben. Fürs schnelle Auftauen die Mikrowelle benutzen. Da der Rand des Gebäcks zu weich werden kann, im auf rund 150 °C vorgeheizten Backofen kurz aufbacken. Danach schmeckt er wie frisch gebacken – köstlich!

• **Je nach Mehlsorte** benötigt der Teig mehr oder weniger Feuchtigkeit – am Ende sollte sich der Teig gut durchkneten lassen, elastisch und weich sein, aber nicht mehr kleben. Wenn Sie feststellen, dass der Teig zu trocken ist: Kneten Sie weitere Flüssigkeit nur in ganz kleinen Schritten, am besten teelöffelweise, unter.

• **Besonders elastisch wird** der Teig, wenn man das Mehl nach und nach unterarbeitet. Zuerst also nur die Hälfte bis ⅔ der Mehlmenge mit den restlichen Zutaten vermischen und kurz ruhen lassen. Dann nach und nach das restliche Mehl unterkneten.

Eier zu kalt? Falls Sie vergessen haben, die Eier rechtzeitig aus dem Kühlschrank zu holen: Legen Sie die Eier in lauwarmes Wasser, so erwärmen sie sich deutlich schneller und sind ruck, zuck einsatzbereit.

- **Lassen Sie Hefegebäck** langsam bei Zimmertemperatur abkühlen und stellen Sie es in den kalten Monaten keinesfalls auf den Balkon, damit es schneller geht – es zieht sich sonst zusammen.

Mohnstriezel

- **Besonderer Fall: Mohnstriezel.** Sehr beliebt bei Hefegebäck sind nussige Füllungen oder solche mit Mohn. Beachten Sie bei der Zubereitung von Mohn Folgendes: Zuerst wird die Milch mit dem Zucker unter Rühren aufgekocht, danach kommt der gemahlene Mohn unter Rühren hinzu. Allerdings nur so lange, bis die Masse einmal aufgekocht ist. Danach direkt vom Herd nehmen und auf keinen Fall länger kochen lassen. Sonst gerinnt die Milch und die Füllung wird unappetitlich.

Gehzeit

- **Wenn der Hefeteig** in der Form ist oder belegt – ob süß mit Obst und Streuseln oder herzhaft mit Tomatensauce und Käse, spielt dabei keine Rolle – bevor er in den Ofen kommt, sollte er erneut rund 20 Minuten Zeit zum Gehen bekommen.

Hefeteig gerät besonders flaumig und luftig, wenn Sie während des Backens etwas Wasser in einem ofenfesten Schälchen in den Ofen stellen.

- **Während der Gehzeit** darf die Teigoberfläche nicht trocken werden. Das würde die Aktivität der Hefepilze hemmen. Bei warmem Wetter oder trockener Luft empfiehlt es sich daher, das Tuch, mit dem der Teig abgedeckt wird, leicht zu befeuchten.

Rührteig

inklusive Rührkuchen-Specials Cake Pops & Kuchen im Glas

ACHTUNG

Das kann schiefgehen!

1. Der Teig gerinnt
2. Der Kuchen ist schon dunkel, bei der Stäbchenprobe bleibt aber noch viel Teig kleben
3. Der Kuchen lässt sich nicht stürzen
4. Der Kuchen ist zu trocken

SOS Pannen Hilfe

1. Der Teig gerinnt

Bei der klassischen Zubereitung von Rührteig wird zuerst Butter mit Zucker schaumig gequirlt, dann kommen nach und nach die Eier hinzu und zum Schluss Mehl und gegebenenfalls Backpulver sowie Flüssigkeit. Damit sich alle Zutaten optimal verbinden, ist besonders der Anfang der Zubereitung wichtig:

- Alle Zutaten sollten dieselbe Temperatur aufweisen und zimmerwarm sein.
- Butter und Zucker müssen lange und ausdauernd gerührt werden, bis die Masse locker und schaumig ist.

- Erst dann können die Eier ganz langsam hinzugegeben werden. Das bedeutet: 1 zimmerwarmes Ei wird so lange in den Teig gerührt, bis es sich vollständig mit der Masse verbunden hat. Erst dann folgt das nächste Ei. Auf diese Weise wird das gefürchtete Gerinnen vermieden.

Doch was tun, wenn es schon passiert ist? Bringen Sie zuerst die noch verbliebenen Eier auf Zimmertemperatur. Das geht besonders schnell, wenn Sie sie ca. 15 Minuten in ein Glas mit lauwarmem Wasser legen. In den geronnenen Teig rühren Sie in der Zwischenzeit etwas Mehl. Sieben Sie dieses nur esslöffelweise hinzu. Sobald der Teig homogen ist, kommen die nun zimmerwarmen Eigelbe hinzu, anschließend das restliche Mehl. Außerdem gilt: Ist der Teig nicht zu stark geronnen, können Sie trotzdem einen Backversuch wagen. Der Kuchen geht dann zwar nicht so optimal auf, schmeckt aber immer noch.

2. Der Kuchen ist schon dunkel, bei der Stäbchenprobe bleibt aber noch viel Teig kleben

Falls die Oberfläche schon recht dunkel ist, der Kuchen aber laut Stäbchenprobe noch etwas länger braucht, decken Sie ihn am besten sofort lose mit Alufolie ab. Achten Sie dabei darauf, dass die glänzende Seite nach oben zeigt.

SOS Pannen Hilfe

3. Der Kuchen lässt sich nicht stürzen

Fahren Sie mit einem spitzen Messer den Rand entlang und drapieren Sie für ca. 5 Minuten ein feuchtes Küchentuch um den Formenrand und die Unterseite. So dürfte das Stürzen kein Problem mehr sein.

4. Der Kuchen ist zu trocken

Stechen Sie die Kuchenoberfläche mehrfach tief mit einem dünnen Holzstäbchen ein und träufeln Sie anschließend teelöffelweise Flüssigkeit darauf. Als Faustregel gilt: 1 gängiger Kastenkuchen kann gut 250 ml Sirup oder Ähnliches aufnehmen. Ob Saft, Sirup, Tee, Likör oder Kaffee – entscheiden Sie je nach Kuchen und Geschmack. Beachten Sie jedoch auch: Falls der Kuchen Fruchtstücke enthält, schmeckt er meist 1–2 Tage nach dem Backen viel saftiger und leckerer. Wickeln Sie ihn in diesem Fall einfach in Frischhaltefolie und lassen Sie ihn bei Zimmertemperatur durchziehen.

Stäbchenprobe

- **Da jeder Backofen** unterschiedlich funktioniert und es auch darauf ankommt, welche Backform benutzt wird, empfiehlt es sich, die erste Stäbchenprobe bereits rund 10 Minuten vor dem angegebenen Backzeitende durchzuführen und den Kuchen dann in 10-Minuten-Schritten auf den Gargrad hin zu überprüfen. Ziehen Sie dafür vorsichtig den Kuchen Richtung Öffnung des Backofens und stechen Sie mit einem langen, dünnen Holzstäbchen in die Mitte des Kuchens. Ziehen Sie das Stäbchen sofort wieder heraus und schauen Sie, ob noch weicher Teig daran kleben bleibt. Falls dies der Fall ist: Schieben Sie den Kuchen erneut in den Ofen. Falls nur noch wenige Krümel hängen bleiben, können Sie den Kuchen herausholen.

Als Sonderfall gelten Brownies: Sie schmecken am besten, wenn sie innen noch ein ganz klein wenig flüssig sind. Hängt also am Stäbchen nichts mehr, sind die Brownies bereits zu lange im Ofen und sollten schleunigst herausgeholt werden.

So gelingt's perfekt!

Der perfekte Marmor-Gugelhupf

1. Wiegen Sie alle Zutaten ab und achten Sie darauf, die kalten Zutaten aus dem Kühlschrank zu holen, damit alles zimmerwarm ist. Heizen Sie den Backofen vor. Buttern Sie die Form aus und bestäuben Sie sie mit Mehl oder streuen Sie Semmelbrösel hinein. Um sicherzugehen, dass alles nur hauchdünn bestäubt ist: Drehen Sie die bestäubte Form über dem Spülbecken um und schlagen Sie mit der flachen Hand sachte rundherum darauf. So werden überschüssiges Mehl oder überschüssige Semmelbrösel optimal entfernt.

2. Rühren Sie Butter und Zucker schaumig. Das dauert ca. 15 Minuten.

3. Rühren Sie nun jedes Ei einzeln in den Teig. Bevor das nächste Ei folgt, sollte die Masse wieder vollkommen homogen sein.

So gelingt's perfekt!

4. Mischen Sie Mehl mit Backpulver und sieben Sie alles über den Teig. Auf diese Weise entstehen keine Klümpchen und das Backpulver ist optimal verteilt.

5. Verrühren Sie mit einem Kochlöffel alles miteinander. Rühren Sie nur so lange, bis sich die Zutaten alle miteinander verbunden haben, auf keinen Fall länger, denn sonst wird der Kuchen pappig und zäh.

6. Geben Sie nun ⅔ des Teiges in die Form und streichen Sie alles glatt.

7. Unter den restlichen Teig wird das Kakaopulver gerührt. Falls der Teig zu trocken und zäh werden sollte, geben Sie etwas geschmacksneutrales Pflanzenöl, Milch oder – falls keine Kinder mitessen – 1 Schuss Rum hinzu.

Mit unseren Tipps und Tricks können Sie Ihren Lieblingskuchen ganz leicht selbst backen

8. Verteilen Sie den dunklen Teig gleichmäßig über dem hellen. Rühren Sie dann mit einer Gabel spiralförmig von unten nach oben durch den Teig. So entsteht das typische Marmormuster. Anschließend wie gewohnt backen. Nach einer Stäbchenprobe herausnehmen.

9. Nach dem Backen lassen Sie den Kuchen am besten ein paar Minuten in der Form ruhen. So festigt sich die Struktur und der Kuchen bricht beim Stürzen nicht so leicht.

10. Stürzen Sie den Kuchen und drehen Sie ihn anschließend sofort um, damit die luftige, gewölbte Oberseite nicht platt gedrückt wird. Da der Kuchen heiß ist, sollten Sie Ihre Hände mit Küchenhandschuhen schützen.

11. Nach dem vollständigen Auskühlen kann der Kuchen verziert werden.

Weitere Tipps & Tricks

Die Reihenfolge, in der die Zutaten vermengt werden, kann auch variiert werden:

- Wird wie beim Marmorkuchen oben beschrieben erst Butter mit Zucker schaumig gerührt, so entsteht ein sehr zarter und feiner Rührkuchen.
- Werden erst Eier und Zucker schaumig geschlagen und anschließend die lauwarme, zerlassene Butter in dünnem Strahl hinzugequirlt, so entsteht ein festerer und schwererer Kuchen, der dafür ganz besonders saftig ist.
- Werden die Eier getrennt, die Eiweiße steif geschlagen und ganz zum Schluss untergehoben, so entsteht ein besonders luftiger Rührkuchen. Zudem kommt diese Version auch ganz ohne Backpulver aus.

- **Rührteig heißt in** seiner klassischen Form auch Eischwerteig. Das bedeutet: Alle Zutaten wiegen so viel wie die verwendeten Eier, für einen gängigen Kastenkuchen jeweils 300 g, das sind rund 5 Eier, Größe M. Falls also einmal kein Rezept zur Hand ist: 300 g Butter und 300 g Zucker schaumig rühren, nach und nach 300 g Eier unterquirlen und das Ganze mit 300 g Mehl verrühren. Das kann man sich leicht merken, oder?

- **Stellen Sie die** gefettete Backform für mindestens 15 Minuten in den Kühlschrank. Dadurch wird die Butter so fest, dass sie sich nicht mit dem eingefüllten Teig verbindet. Auf diese Weise vorbehandelt, müssen Sie die Backform auch nicht mit Mehl ausstäuben oder mit Semmelbröseln ausstreuen.

Bepinseln Sie den noch warmen Kuchen mit Zuckerguss, so bildet er eine glänzende Oberfläche. Möchten Sie einen milchig weißen Guss, so lassen Sie den Kuchen vorher komplett auskühlen.

- **Resteverwertung**

Ist Rührkuchen übrig, so können Sie ihn wunderbar in einem Trifle verarbeiten. In Würfel geschnitten und mit Creme und Früchten in ein Glas geschichtet, ist das nicht nur ein optisches Highlight, sondern auch geschmacklich ein köstliches Dessert. Auch für Cake Pops lassen sich Kuchenreste wunderbar weiterverwenden. Mehr dazu im nächsten Abschnitt …

Backpulver

- **Verwenden Sie immer** so wenig Backpulver wie möglich und greifen Sie am besten zu Weinstein-Backpulver. Das ist geschmacklich deutlich neutraler, und der Kuchen bekommt auf diese Weise keinen chemischen Nachgeschmack.

- **Damit Rosinen oder** andere Trockenfrüchte im Kuchen schön weich schmecken, müssen sie vorher rund 30 Minuten eingeweicht werden – entweder in Rum oder warmem Wasser. Danach mit Küchenkrepp trocken tupfen, leicht mehlieren und in den Teig rühren.

- **Damit Früchte oder** Trockenfrüchte im Rührkuchen nicht komplett absinken, sondern schön im Kuchen verteilt sind: Bestäuben Sie sie vorher rundherum mit Mehl (im Fachjargon spricht man von „mehlieren“) – auf diese Weise sinken sie nicht so schnell ein.

Rührkuchen-Special: Cake Pops

Die leckeren Mini-Küchlein am Stiel sind niedlich anzusehen und ein toller Knabberspaß – kein Wunder, dass sie immer beliebter werden.

ACHTUNG

Das kann schiefgehen!

1. Die Mischung ist zu weich und klebrig und lässt sich nicht formen
2. Die Cake Pops halten nicht am Stiel
3. Beim Eintauchen in Kuvertüre fallen die Kuchenbällchen ab oder gehen kaputt
4. Die Kuvertüre läuft am Stiel herunter und verschmiert ihn

1. Die Mischung ist zu weich und klebrig und lässt sich nicht formen

Wenn die Masse deutlich zu klebrig ist: etwas mehr Kuchenbrösel unterrühren und alles noch mal ca. 30 Minuten kühl stellen. Wenn die Masse nur leicht zu klebrig ist: nichts mehr unterrühren, aber auf jeden Fall noch einmal kühl stellen, mindestens für 30 Minuten. In dieser Zeit wird die Frischkäsemasse wieder schön fest, und das Formen sollte problemlos funktionieren.

2. Die Cake Pops halten nicht am Stiel

Das kann mehrere Ursachen haben:

- Meist liegt es schlicht und einfach daran, dass die Bällchen zu groß sind – und damit zu schwer.
- Wenn es am Teig liegt und dieser zu bröselig ist, kneten Sie einfach noch etwas Frischkäsemasse hinein. Damit sollte es klappen.
- Generell halten die Cake Pops viel besser, wenn die Lolli-Stiele vorher rund 3 cm tief in die Kuvertüre getaucht wurden. Lolli-Stiele hineintauchen und anschließend in die geformten Cake Pops stecken – das ist die optimale Reihenfolge.

3. Beim Eintauchen in Kuvertüre fallen die Kuchenbällchen ab oder gehen kaputt

Bevor die Cake Pops in die Candy Melts kommen: unbedingt nochmals mindestens 30 Minuten kühl stellen oder kurz im Tiefkühlfach parken. So wird zum einen die Kuvertüre blitzschnell fest, zum anderen wird die Cake-Pop-Masse fürs Eintauchen fest genug.

4. Die Kuvertüre läuft am Stiel herunter und verschmiert ihn

Tauchen Sie die restlichen Cake Pops in die Kuvertüre oder eine andere Flüssigkeit. Ziehen Sie sie sofort wieder heraus und drehen Sie sie kopfüber noch zwei- oder dreimal hin und her. So kann überschüssige Kuvertüre gut abtropfen.

So gelingt's perfekt!

Die perfekten Cake Pops

1. Kuchen zerbröseln, in eine Schüssel geben und die Frischkäsemasse zubereiten.

Die Frischkäsemasse nach und nach zum Kuchen geben. So erkennen Sie am besten, wann der Teig die richtige Konsistenz hat. Anschließend die Masse zu kleinen Kugeln formen.

2. Die Candy Melts oder die Kuvertüre im warmem Wasserbad unter Rühren erhitzen und die Lolli-Stiele ca. 1 cm eintauchen. Abtropfen lassen, dann mit der benetzten Seite in die Kügelchen stecken. Die Schokolade wirkt dabei wie ein Kleber, die Cake Pops halten viel besser.

3. Die Cake Pops mindestens 30 Minuten kalt stellen.

4. Die Candy Melts oder die Kuvertüre erneut erhitzen, die Cake Pops schräg eintauchen und durch Drehen von allen Seiten mit der Kuvertüre bedecken. Sofort wieder herausziehen. Kurz abtropfen lassen, damit nichts den Stiel hinunterläuft (damit die Kuvertüre perfekt schmilzt und später auch einen schönen Glanz bildet, lesen Sie am besten im Kapitel *Schokolade* nach). Beachten Sie zudem: Zu dick sollte der Guss nicht sein, da sonst das Verhältnis von Guss zu Kuchen nicht mehr stimmt. Falls Ihnen der Guss zu dickflüssig erscheint, rühren Sie besser etwas Kokosfett unter. Das macht die Masse dünnflüssiger.

5. In den noch weichen, aber nicht mehr flüssigen Guss Zuckerstreusel, zerbröselten Krokant, zerkleinerte Nüsse oder andere Deko-Elemente streuen, dann alles trocknen lassen und bis kurz vor dem Anrichten kühl stellen.

Weitere Tipps & Tricks

Cake Balls

- **Bevor Sie verzweifeln**, weil die Bällchen partout nicht halten wollen: Servieren Sie doch einfach Cake Balls – kleine Kuchenbällchen ohne Stiel sind doch auch lecker und niedlich!

- **Der verwendete Kuchen** sollte nicht frisch und saftig, sondern am besten schon ein bisschen angetrocknet sein. Nur so kann er fein zerkrümelt werden.

- **Zum Trocknen der** Cake Pops stellen Sie sie am besten in ein umgedrehtes Nudelsieb – so kleben sie nicht aneinander. Das funktioniert allerdings nur, wenn Sie sehr dünne Stiele verwenden. Bei dickeren Stielen: Stecken Sie die Cake Pops zum Trocknen in einen Styroporblock oder in ein mit Zucker gefülltes Gefäß. So laufen Sie auch nicht Gefahr, dass die Cake Pops aneinanderkleben.

- **Wenn es einmal** schneller gehen soll, können Sie auch auf fertige Teigböden oder Rührkuchen aus dem Handel zurückgreifen – so ersparen Sie sich das Backen. Für 12 Cake Pops benötigen Sie etwa 250 g Fertigkuchen.

  Für besonders farbenfrohe Cake Pops färben Sie den Kuchenteig vor dem Backen mit ein paar Tropfen Lebensmittelfarbe ein.

Rührkuchen-Special: Kuchen im Glas

Ob zum Verschenken oder als privater Vorrat, wenn es mal ganz schnell gehen soll: Kuchen im Glas ist eine super Sache. Generell kann jedes Rührkuchenrezept auch im Glas gebacken werden – mit den folgenden Hinweisen werden Sie zum Kuchen-im-Glas-Profi.

ACHTUNG

Das kann schiefgehen!

1. Der Kuchen steigt über den Glasrand

SOS Pannen Hilfe

1. Der Kuchen steigt über den Glasrand

Wenn der Kuchen nur leicht darüber ist: Drücken Sie ihn mit dem Deckel sanft nach unten und verschließen Sie sofort das Glas. Wenn der Kuchen deutlich übergetreten ist, hilft nur: mit einem scharfen Messer das überstehende Stück abschneiden und das Glas sofort verschließen.

So gelingt's perfekt!

Der perfekte Kuchen im Glas

1. Den Backofen vorheizen und die Gläser sterilisieren. Dafür die sauberen Gläser samt Deckel und gegebenenfalls Gummiring für ca. 3 Minuten in kochendes Wasser legen. Mit einer sauberen Zange herausholen, kopfüber trocknen und auskühlen lassen. Anschließend mit Butter einfetten und mit Mehl oder Semmelbröseln ausstreuen. Überschüssiges Mehl oder überschüssige Semmelbrösel abklopfen.

2. Den Rührkuchenteig wie auf S. 153 ff. beschrieben zubereiten.

3. Den Teig maximal zu ⅔ in die Gläser füllen. Dabei darauf achten, dass die Ränder ganz sauber bleiben, da sich die Gläser sonst nicht mehr richtig verschließen lassen.

4. Die Gläser backen. Nach der Backzeit eine Stäbchenprobe machen. Die fertig gebackenen Kuchen sofort herausnehmen und mit einem Deckel verschließen. Für ca. 5 Minuten auf den Kopf stellen, dann umdrehen und vollständig auskühlen lassen.

Bleibt nach der Stäbchenprobe noch Teig haften, sollten die kleinen Küchlein in 3-Minuten-Schritten überprüft werden.

Weitere Tipps & Tricks

Arbeiten Sie unbedingt mit Küchenhandschuhen! Gerade beim Verschließen der heißen Kuchen verbrennt man sich sonst viel zu schnell die Finger!

- **Die Gläser sollten** rund zur Hälfte, maximal zu ⅔ mit Teig befüllt werden. Sonst tritt der Kuchen sehr wahrscheinlich über den Rand.

- **Verwenden Sie nur** ofenfeste Gläser, die entweder gerade sind oder nach oben weiter werden. Sonst können Sie den Kuchen später nicht stürzen, sondern nur aus dem Glas löffeln.

Zur Backzeit

- **Rechnen Sie bei** einem 500-ml-Glas mit 35 Minuten Backzeit, bei einem 250-ml-Glas mit rund 20 Minuten bei 180 °C.

Stellen Sie die Gläser in die Mitte des Rosts. So bekommen sie alle in etwa dieselbe Hitze ab.

- **Um eine besonders** lange Haltbarkeit zu erreichen, können die Küchlein zusätzlich noch eingekocht werden. Dafür die fertig gebackenen Kuchen wie gewohnt direkt nach dem Backen verschließen. Anschließend in ein ca. 2 cm hohes Wasserbad stellen. Achtung! Das Wasser muss heiß sein, sonst können die heißen Gläser springen! Dann bei 100 °C ca. 30 Minuten lang im Backofen einkochen.

- **Achten Sie darauf,** dass die Glasränder sauber bleiben. Nur so lässt sich der Kuchen vollständig verschließen und ist lange haltbar. Als Faustregel gilt: Kuchen ohne Früchte ist mindestens 3 Monate haltbar, Kuchen mit Früchten mindestens 6 Wochen.

Mürbeteig

mit Special Käsekuchen

Ob süß oder herzhaft, ob als unterster Boden für üppige Torten, als köstliche Streusel, klassischer Teig für Quiches und Tartes oder als feiner Knusperspaß für vielerlei Plätzchen: Ohne den Allrounder geht fast nichts!

ACHTUNG

Das kann schiefgehen!

1. Der Mürbeteig klebt beim Ausrollen
2. Der Mürbeteig ist so fest, dass er sich kaum ausrollen lässt
3. Der Mürbeteig wirft beim Backen Blasen
4. Der Mürbeteigrand rutscht die Backform hinunter

SOS Pannen Hilfe

1. Der Mürbeteig klebt beim Ausrollen

Meist liegt das daran, dass der Teig nicht ausreichend gekühlt wurde. Unterbrechen Sie das Ausrollen und stellen Sie den Teig nochmals für rund 10 Minuten kalt.

2. Der Mürbeteig ist so fest, dass er sich kaum ausrollen lässt

Schneiden Sie den Teig einfach mit einem scharfen Messer in dünne Scheiben und legen Sie die Form damit aus. Nun brauchen Sie nur noch mit den Fingern die einzelnen Platten miteinander verbinden. Alternativ: Schneiden Sie den Teig in dünne Scheiben, so wird er am schnellsten wärmer und somit ausrollbar. Legen Sie dann die Scheiben wieder übereinander, drücken Sie alles fest und rollen den Teig aus wie gewohnt.

3. Der Mürbeteig wirft beim Backen Blasen

Sobald Sie die Blasen bemerken: Stechen Sie mit einem Schaschlikspieß oder einer Gabel mehrfach hinein. So kann die Luft entweichen.

4. Der Mürbeteigrand rutscht die Backform hinunter

Wenn der Teigrand hinunterrutscht: Holen Sie den Mürbeteigboden direkt aus dem Ofen, belegen Sie ihn weiter nach Rezept und backen Sie ihn mit Unter- und Oberhitze eine Einschubleiste tiefer zu Ende. Sobald Belag auf dem Teig ist, kann er nicht mehr hinunterrutschen. Durch die tiefere Einschubleiste wird gewährleistet, dass der Teigboden trotz der verkürzten Vorbackzeit voll durchgart.

So gelingt's perfekt!

Der perfekte blindgebackene Mürbeteigboden mit hohem Rand

1. Alle Zutaten abmessen und bereitstellen. Butter und Eier sollten dabei möglichst kalt sein.

2. Das Mehl in eine Schüssel sieben, die Butter in kleinen Stücken dazugeben und alle anderen Zutaten ebenfalls hinzugeben. Nun mit kalten Fingern verkneten, aber nur so lange, bis sich die Zutaten zu einem glatten Teig verbunden haben. Alternativ geben Sie die Zutaten auf eine Arbeitsplatte und hacken zuerst alles mit einem Messer klein. Diese Zubereitungsmethode gab dem Teig auch den Namen „Hackteig". Sie bietet sich vor allem dann an, wenn die Hände (z. B. im Sommer) zu warm sind und deshalb beim Kneten zu viel Temperatur an den Teig kommen würde. Der Grund übrigens, weshalb Mürbeteig möglichst kalt zubereitet werden soll, ist geschmacklicher Art. Nur kalt zubereitet, wird Mürbeteig schön mürbe. Ansonsten wird er teigiger und speckiger.

3. Jetzt kommt der Teig in Folie gewickelt mindestens 30 Minuten in den Kühlschrank.

Ersetzen Sie einmal ⅕ des Mehls durch Speisestärke. Das macht den Teig besonders fein.

4. Rollen Sie den Teig anschließend etwas größer als die Backform aus und legen Sie ihn dann in die gebutterte Form. Dadurch, dass er etwas größer ausgerollt wurde, haben Sie automatisch auch einen Rand. Nun nochmals leicht festdrücken.

5. Bedecken Sie Boden und Rand mit Backpapier und füllen Sie Hülsenfrüchte hinein. Sie sollten mindestens bis zum Teigrand eingefüllt werden. So bleibt zum einen der Teigboden ganz flach, zum anderen kann der Rand nicht hinunterrutschen.

6. Backen Sie den Teig nun im vorgeheizten Backofen, wie im Rezept beschrieben, entweder komplett fertig (wenn danach nur noch ein Obstbelag oder eine Creme auf den Teig kommen, die nicht gebacken werden sollen) oder aber nur vor (wenn der weitere Belag ebenfalls gebacken gehört). Sobald Sie den Teig herausholen, sollten immer sofort die Hülsenfrüchte und das Backpapier vorsichtig entfernt werden, damit der Teig ausdampfen kann.

Weitere Tipps & Tricks

Einfrieren

- **Ungebackener Mürbeteig kann** problemlos tiefgefroren werden. Rollen Sie ihn am besten kreisrund aus und legen Sie die Platten abgedeckt ins Tiefkühlfach, bis sie fest sind. Anschließend können die Platten in Frischhaltebeutel verpackt werden.

Haltbarkeit

- **Im Kühlschrank hält** sich ungebackener Mürbeteig einige Tage. Sie können ihn also ohne Probleme schon deutlich vorher vorbereiten.

Mit ½ Teelöffel Backpulver wird der Teig besonders zart.

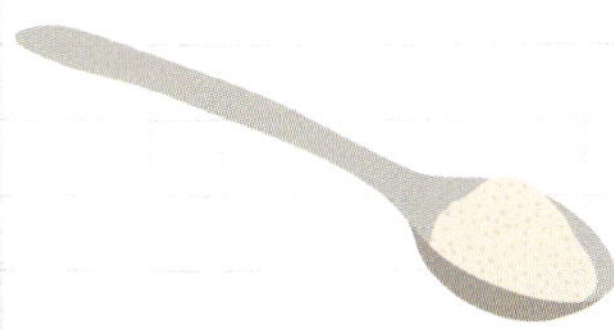

- **Ersetzen Sie einen** Teil des Mehls durch gemahlene Nüsse. Mit Mandeln bekommt er ein sehr feines Aroma, mit gemahlenen Haselnüssen wird er kernig im Geschmack.

- **Wenn Sie einen** hohen Rand haben möchten, können Sie auch wie folgt vorgehen: Rollen Sie zuerst die Hälfte bis ⅔ des Teiges rund aus und bedecken Sie damit den Boden der Springform. Formen Sie den restlichen Teig zu einer ca. 60 cm langen Rolle und rollen Sie diese dann in Randbreite aus. An den Rand drücken und dann nur noch die Schnittstellen mithilfe der Finger miteinander verbinden.

Herzhaften Teig können Sie mit Gewürzen und gehackten Kräutern aromatisieren.

Weitere Tipps & Tricks

Verwenden Sie zum Ausrollen eine kalte Teigrolle. Legen Sie diese am besten 30 Minuten vorher ins Eisfach.

- **Falls doch etwas** abbricht: Eiweiß ist ein hervorragender Kleber. Bepinseln Sie die Schnittstellen mit etwas verquirltem Eiweiß. Drücken Sie die Stücke aneinander und lassen Sie alles in Ruhe trocknen.

- **Kommt Mürbeteig gerade** aus dem Ofen, ist er äußerst zerbrechlich. Lassen Sie deshalb Tortenböden erst einmal ruhen und entfernen Sie lediglich ganz vorsichtig den Springformrand. Sobald der Teig ausgekühlt ist, lässt er sich risikoärmer auf eine Tortenplatte schieben. Dasselbe gilt natürlich für zarte Plätzchen. Solange sie warm sind, sollten sie möglichst nicht bewegt werden.

- **Sie können Mürbeteig** auch eifrei herstellen. Er wird dann von der Konsistenz bröseliger, aber das kann je nach Kuchen oder Quiche auch sehr reizvoll sein.

- **Verwenden Sie bei** süßen Mürbeteigen nur ganz feinen Zucker, sonst verbindet sich der Zucker nicht optimal mit dem Teig.

Falls der Teig zu staubig wirkt: Kneten Sie ganz vorsichtig 1 Esslöffel eiskaltes Wasser unter.

- **Falls der Teig** als Grundlage für einen Obstbelag dient: Bringen Sie zwischen Obst und Teig eine Schutzschicht an, damit der Teig nicht völlig durchweicht. Dafür gibt es verschiedene Möglichkeiten:
  - Stellen Sie eine Puddingmasse her. Bei sehr feuchtem Obstbelag (z. B. Beeren oder auch Rhabarber) kochen Sie den Pudding am besten etwas dicker, verwenden also etwas weniger Milch als angegeben.
  - Auch gemahlene Nüsse, Zwieback- oder Keksbrösel sind gut geeignet, um den Teig vor zu viel Feuchtigkeit zu schützen.

  - Alternativ kann der Teig auch mit zerlassener Schokolade bepinselt werden. Diese hält Feuchtigkeit gut ab.
  - Auch eine dünne Marzipandecke bietet sich an. Damit das Marzipan gut hält, sollte dann allerdings erst etwas glatt gerührte(r) Konfitüre oder Gelee als „Kleber" aufgetragen werden.
- Wird fertig gebackener Mürbeteig eingefroren, sollte er nach dem Auftauen unbedingt noch mal kurz im Ofen aufgebacken werden. Sonst schmeckt er pappig.

- **Wird wie beim** Plätzchenbacken der Mürbeteig nach und nach verarbeitet, sollte der restliche Teig immer wieder im Kühlschrank zwischengelagert werden. Er wird sonst zu weich.

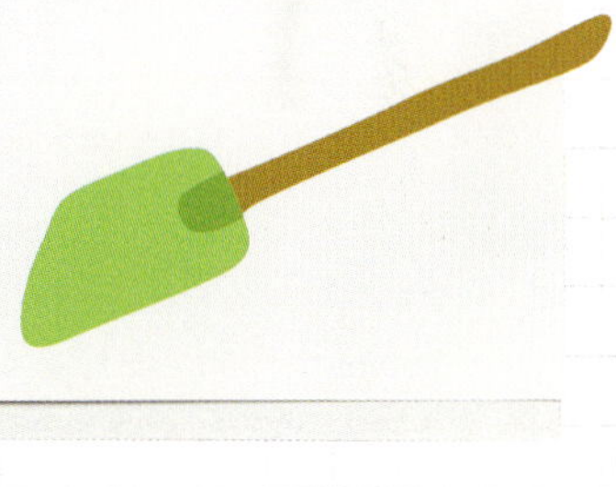

- **Werden Plätzchen mit** Konfitüre gefüllt: Rühren Sie die Konfitüre vorher immer glatt und geben Sie sie leicht erwärmt auf die noch warmen Plätzchen. So lässt sie sich am besten verteilen. Doch Vorsicht: Warmes Mürbeteiggebäck ist sehr empfindlich. Gehen Sie vorsichtig vor, um ein Zerbrechen zu vermeiden.

Damit Plätzchen immer gleichzeitig gar sind, achten Sie darauf, dass der Teig überall gleich dick ausgerollt wird.

Weitere Tipps & Tricks

Tauchen Sie die Ausstechförmchen vorher in Mehl. So bleiben die Plätzchen nicht so leicht daran hängen.

- **Damit Plätzchen und** dünne Mürbeteigböden keinen bitteren Nachgeschmack bekommen: Holen Sie sie sofort aus dem Ofen, wenn die Ränder zu bräunen beginnen. Das dünne Gebäck nimmt eine zu lange Backzeit schnell übel.

- **Mürbeteig kann schon** mehrere Tage vor dem Backen im Kühlschrank aufbewahrt werden und man kann ihn sogar einfrieren. Anschließend einfach über Nacht im Kühlschrank auftauen lassen.

- **Rollen Sie den** Mürbeteig zwischen 2 Lagen Backpapier oder Frischhaltefolie aus. So benötigen Sie kein zusätzliches Mehl, und die Arbeitsfläche bleibt sauber.

- **Wenn Sie nur** einen kleinen Rand brauchen und nicht blindbacken, sondern nur vorbacken wollen: Fetten Sie in diesem Fall keinesfalls den Rand der Form ein. Ohne eingefetteten Rand rutscht der Teig längst nicht so schnell ab.

Mürbeteig-Special: Käsekuchen

Natürlich gibt es auch Käsekuchen mit Bröselboden oder Hefeteig. Der absolute Klassiker für den Käsekuchen ist allerdings der Mürbeteig. Deshalb wollen wir uns an dieser Stelle einem der beliebtesten Kuchen überhaupt widmen: dem Käsekuchen. Bei ihm scheiden sich die Geister: Während ihn die einen möglichst luftig und leicht lieben, schwören die anderen auf cremige Kompaktheit. Für beide Varianten haben wir unter *So gelingt's perfekt!* die wichtigsten Hinweise zusammengefasst.

ACHTUNG

Das kann schiefgehen!

1. Die Oberfläche des Käsekuchens ist zu braun, der Kuchen selbst aber innen noch sehr weich

2. Der Käsekuchen fällt in sich zusammen

SOS Pannen Hilfe

1. Die Oberfläche des Käsekuchens ist zu braun, der Kuchen selbst aber innen noch sehr weich

Decken Sie die Oberfläche sofort lose mit Alufolie ab. Schalten Sie gegebenenfalls auch die Temperatur etwas hinunter. Käsekuchen sollte nie zu heiß gebacken werden. Besser länger bei maximal 170 °C für einen luftigen Käsekuchen oder 150 °C für einen kompakteren Käsekuchen.

2. Der Käsekuchen fällt in sich zusammen

Eine Pannenhilfe gibt es in diesem Fall nicht – allerdings gibt es einige Tipps, wie Sie das Zusammenfallen verhindern können. Um die faltige Oberfläche zu kaschieren, bietet sich bei Käsekuchen entweder an, diesen nach dem vollständigen Erkalten mit Puderzucker zu bestäuben oder aber eine Baisermasse herzustellen, den Kuchen wellenartig damit zu bestreichen und nochmals kurz bei hoher Oberhitze im Backofen zu gratinieren. Schmeckt lecker und sieht gut aus.

Tipps gegen das Zusammenfallen:

- Lassen Sie den Käsekuchen ganz langsam im Backofen auskühlen. Etwas schneller geht das, wenn Sie einen Kochlöffel zwischen Backofentür und Rahmen klemmen. Weiter allerdings sollte der Backofen nicht geöffnet sein.
- Schon während des Backens können Sie vorsorgen: Backprofis backen Käsekuchen in Etappen. Sie holen den Kuchen zwei- bis dreimal aus dem Ofen, lassen ihn etwas auskühlen und fahren dann mit einem spitzen Messer einmal am Rand entlang. Holen Sie also Ihren Kuchen nach rund 35 Minuten Backzeit aus dem Ofen, lassen Sie ihn 15–20 Minuten auskühlen und fahren Sie anschließend am Rand entlang. Dann wieder in den Ofen stellen und weiterbacken. Achtung! Durch das Abkühlen verlängert sich die Backzeit.
- Generell gilt: Käsekuchen sollte im Ofen möglichst wenig aufgehen. Luftige Käsemassen sind an sich schon luftig genug, es reicht vollkommen, wenn sie das Volumen halten. Kompaktere Käsemassen sollen ebenfalls nicht aufgehen, sondern cremig bleiben. Geht Ihr Käsekuchen dennoch auf, reduzieren Sie sofort die Temperatur.

So gelingt's perfekt!

Der luftige Käsekuchen

- Verwenden Sie Quark oder Schichtkäse. Das macht den Kuchen lockerer und leichter als Frischkäse oder Mascarpone.
- Versuchen Sie insgesamt, möglichst viel Luft in die Masse hineinzuarbeiten. Das heißt: Trennen Sie auf jeden Fall die Eier und schlagen Sie sowohl die Eigelbe weißlich-schaumig als auch die Eiweiße ganz steif. Damit beide Massen an Stabilität gewinnen, sollten Sie jeweils auch etwas Zucker unterarbeiten.
- Besonders luftig wird der Käsekuchen, wenn zusätzlich noch steif geschlagene Sahne unter die Käsemasse gehoben wird.
- Sobald alle Massen aufgeschlagen sind: alles zügig unterheben und dann sofort in den vorgeheizten Ofen, damit nichts zusammenfallen kann.
- Damit die Masse auch schön aufgeht, wird luftiger Käsekuchen etwas heißer gebacken als cremiger.
- Backen Sie luftigen Käsekuchen besser nur mit Ober- und Unterhitze und nicht mit Umluft. So geht er besser auf.

Der kompakte Käsekuchen

- Verwenden Sie in der Masse Frischkäse und Mascarpone.
- Trennen Sie die Eier nicht und verrühren Sie alles langsam miteinander, sodass möglichst wenig Luft in den Teig hineingearbeitet wird.
- Backen Sie bei niedrigen Temperaturen bis maximal 150 °C.

Weitere Tipps & Tricks

- **Lassen Sie bei** der Verwendung von Speisequark diesen vorher in einem Sieb mindestens 10 Minuten abtropfen. So wird die Masse immer noch luftig, aber nicht zu weich.

Streichen Sie den Quark anschließend durch ein feines Sieb. So wird die Masse noch luftiger.

- **Käsekuchen sollte vor** dem Anschneiden vollständig ausgekühlt sein. Und da das Auskühlen langsam erfolgen sollte, kann es schon einmal 7 Stunden und mehr dauern, bis er serviert werden kann. Backen Sie also Käsekuchen immer besser am Vortag!

- **Öffnen Sie frühestens** nach 30 Minuten Backzeit die Ofentür. Ansonsten laufen Sie Gefahr, dass die Masse in sich zusammenfällt.

- **Einen schönen Glanz** erzielen Sie, wenn Sie die Oberfläche des Kuchen aprikotieren. Dafür etwas klare Aprikosenkonfitüre erwärmen und glatt rühren. Dünn auf dem noch warmen Kuchen verteilen und alles vollständig auskühlen und trocknen lassen.

- **Eher ein theoretischer** Tipp, denn in der Praxis bleibt von einem Käsekuchen fast nie etwas übrig: Frieren Sie Käsekuchen stückweise ein. Lassen Sie ihn dann ganz langsam im Kühlschrank auftauen. So bleibt er besonders cremig.

Für eine leckere Kruste: den Kuchen ca. 10 Minuten vor Ende der Backzeit mit lauwarmer, gezuckerter Milch einpinseln.

Eischnee

- **Heben Sie den** Eischnee wie auch die Schlagsahne nie auf einmal unter die Eigelb-Quark-Masse, sondern stets in zwei, besser noch in drei Schritten. Auch dies macht die Masse luftiger.

Biskuitteig

Der klassische Tortenteig besticht durch Zartheit, ein feines Aroma, abwechslungsreiche Zubereitungs- und vielseitige Verwendungsmöglichkeiten. Und wenn man weiß, wie es geht, ist ein perfekter Biskuit auch keine Zauberei!

ACHTUNG

Das kann schiefgehen!

1. **Der Biskuitteig geht nicht auf**
2. **Der Biskuitteig fällt zusammen**
3. **Der Biskuitteig entwickelt beim Backen in der Mitte eine starke Wölbung, die Ränder bleiben aber niedrig**
4. **Die Biskuitrolle bricht beim Rollen**

SOS Pannen Hilfe

1. Der Biskuitteig geht nicht auf

Die wahrscheinlichsten Gründe:

- Die einzelnen schaumigen Bestandteile (Eischnee und aufgeschlagenes Eigelb) wurden nicht lange genug steif bzw. aufgeschlagen.
- Die Biskuitmasse wurde zu lange untergerührt, weshalb zu viel Luft aus der Masse entwichen ist.
- Die Biskuitmasse stand vor dem Backen zu lange herum.
- Die Backofentür wurde zu früh geöffnet.

Wenn der Biskuitteig nicht richtig aufgeht, sollten Sie die Hoffnung nicht zu früh aufgeben. Es kann durchaus sein, dass der Teig im letzten Drittel der Backzeit noch mal etwas aufholt und aufgeht. Falls auch diese Hoffnung sich nicht erfüllt: nach Ende der Backzeit und einer Garprobe den Biskuit herausholen, vorsichtig aus der Form lösen und auf einem Kuchengitter auskühlen lassen. Anschließend können Sie entscheiden: Ist der Teig wenigstens hoch genug, um einmal halbiert werden zu können? Oder verzichten Sie auf eine hohe Torte und belegen einfach nur den unzerteilten Biskuit? Die dritte Möglichkeit: Sie verwenden den unzureichend aufgegangenen Teig anderweitig, zum Beispiel als Grundlage für Cake Pops oder Trifles. Geschmacklich ist so ein Teig nämlich immer noch lecker, und wegwerfen müssen Sie in diesem Fall absolut gar nichts.

2. Der Biskuitteig fällt zusammen

Hier stellt sich die Frage: Ist der Biskuit im Backofen zunächst aufgegangen und dann wieder zusammengefallen? Oder haben Sie den Biskuit herausgeholt und er ist während des Abkühlens zusammengefallen? Ist Ersteres der Fall, so haben Sie wahrscheinlich zu früh die Backofentür geöffnet. Merke: Beim Biskuitbacken sollte der Backofen immer geschlossen bleiben und erst bei der ersten Garprobe (maximal 10 Minuten vor Backzeitende) geöffnet werden. Lassen Sie in diesem Fall den Biskuit zu Ende backen und gehen Sie dann vor wie bei oben genanntem Punkt 1. Fällt der Biskuit allerdings während des Abkühlens zusammen, so war er noch nicht durchgebacken, als er herausgeholt wurde – sprich: Die Stäbchenprobe wurde nicht durchgeführt. Stellen Sie den Biskuit in diesem Fall nochmals in den Backofen und lassen Sie ihn durchgaren. Allerdings: Er wird dann nicht mehr aufgehen, und Sie können ihn nur noch unzerteilt als Kuchenboden oder aber zerbröselt oder in Stücke geschnitten für Cake Pops oder Trifles verwenden.

3. Der Biskuitteig entwickelt beim Backen in der Mitte eine starke Wölbung, die Ränder bleiben aber niedrig

Der Grund hierfür: Sehr wahrscheinlich haben Sie die Ränder der Kuchenform gefettet. Beim Biskuitteig wird jedoch immer nur der Boden, niemals der Rand der Form gefettet. Ein weiterer möglicher Grund: Die Biskuitmasse war nicht homogen genug vermengt. Doch was auch immer der Grund gewesen sein mag – jetzt hilft nur noch: entweder ungleichmäßige Böden beziehungsweise eine Kuppel in Kauf nehmen oder aber die Kuppel mit einem scharfen Messer entfernen bzw. begradigen und die Torte anschließend mit einer Cremeschicht oder Ähnlichem so verzieren, dass das Missgeschick kaschiert wird. Hat sich nur eine leichte Wölbung gebildet: den Biskuit nach dem Backen sofort stürzen und auskühlen lassen. Die Wölbung wird durch das Gewicht des Kuchens zusammengedrückt und sollte nach rund 15 Minuten verschwunden sein.

4. Die Biskuitrolle bricht beim Rollen

Die Biskuitrolle bricht beim Formen? Eine Pannenhilfe gibt es nicht wirklich, denn einmal gebrochen, lässt sich der Biskuit nicht mehr flicken. Allerdings: Ist der Biskuit nur an wenigen Stellen oder leicht gebrochen, so können Sie die Rolle straff in Frischhaltefolie wickeln und mindestens 2 Stunden kühl stellen. Auf diese Weise wird sie fixiert. Vor dem Servieren wird die Rolle am besten mit Sahne oder Creme eingestrichen – so fallen die Risse kaum mehr auf. Doch wie so oft ist diese Pannenhilfe eine Gratwanderung, denn ist der Biskuit an zu vielen Stellen gebrochen, kann die Form nicht gehalten werden. Merken Sie direkt beim Anrollen, dass der Biskuit nicht formbar ist, dann denken Sie am besten um. Machen Sie statt der Biskuitrolle lieber eine viereckige Biskuittorte. Dafür einfach die Biskuitplatte halbieren und in einen größenverstellbaren eckigen Backrahmen einpassen. Dann die Unterseite mit der Hälfte der Creme bestreichen, die andere Biskuithälfte auflegen und mit der restlichen Füllung bedecken. Damit Sie allerdings gar nicht erst in diese Verlegenheit kommen, lesen Sie am besten im folgenden Tipp, wie die Biskuitrolle perfekt gelingt.

So gelingt's perfekt!

Die perfekte Biskuitrolle backen und formen

1. Heizen Sie den Backofen vor, legen Sie ein tiefes Backblech mit Backpapier aus und zerlassen Sie die Butter. Achten Sie darauf, dass sie nicht bräunt, und nehmen Sie sie vom Herd, sobald sie flüssig ist.

2. Trennen Sie die Eier und schlagen Sie die Eiweiße mit 1 Prise Salz steif. Fügen Sie anschließend rund ⅓ des Zuckers hinzu und schlagen Sie so lange weiter, bis die Masse wieder ganz steif ist und die Zuckerkristalle sich aufgelöst haben. Die Eigelbe schlagen Sie mit dem restlichen Zucker über dem heißen Wasserbad hellgelb und dick-schaumig.

Besonders fluffig wird der Biskuit, wenn Sie einen Teil des Mehls durch Speisestärke ersetzen

3. Nehmen Sie dann die Eigelbmasse aus dem Wasserbad und sieben Sie das Mehl darüber. Achtung: nicht unterrühren!

4. Gießen Sie nun die lauwarme Butter hinzu. Achtung: nicht unterrühren!

5. Heben Sie anschließend den Eischnee in 2–3 Portionen unter – und zwar mit einem Kochlöffel, damit so wenig Luft wie möglich entweicht. Erst zu diesem Zeitpunkt wird die Masse also untergerührt.

6. Sobald die Masse homogen ist, sollte sie unverzüglich auf das Blech kommen. Glatt streichen und nach Rezept in den heißen Backofen stellen.

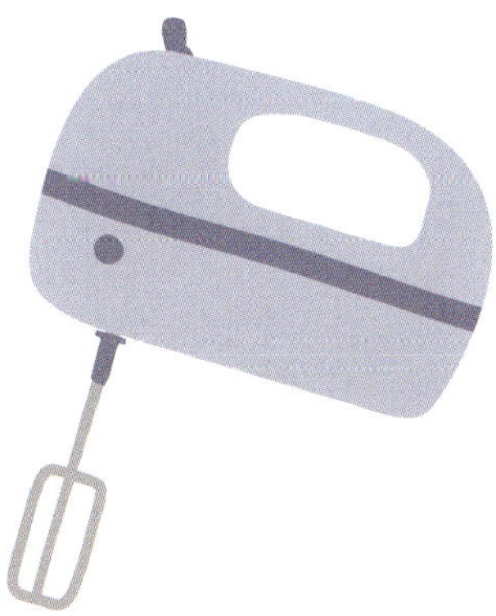

Bei einem Biskuit ist es ganz besonders wichtig, die Backofentür nicht zu früh zu öffnen

7. Sobald der Biskuit fertig ist: herausnehmen und auf ein mit Zucker bestreutes Küchentuch stürzen. Auf der Oberseite befindet sich dann das Backpapier. Dieses sofort mit kaltem Wasser bepinseln und anschließend vorsichtig abziehen.

8. Die noch heiße Teigplatte wird nun mithilfe des Küchentuchs aufgerollt. Aufgerollt abkühlen lassen, anschließend vorsichtig entrollen.

9. Die Biskuitplatte nach Rezept bestreichen und dann vorsichtig aufrollen. Gehen Sie auf diese Weise vor, wird das Brechen der Platte nahezu unmöglich gemacht.

Weitere Tipps & Tricks

Biskuit zerteilen

- **Biskuit wird am** gleichmäßigsten mit einem Bindfaden zerteilt. Dafür den Bindfaden in gleicher Höhe rundherum umlegen und mit sanftem Druck und kontrolliert zum Körper ziehen. Damit der Faden am Anfang gut seine Position hält, den Biskuit am besten mit einem spitzen Messer rundherum einschneiden und den Faden in die Rille legen.

- **Damit Eischnee wirklich** steif wird: Schüssel und Rührstäbe müssen absolut sauber sein. Vor allem darf kein Eigelb und kein Fett daran haften. Mit 1 Prise Salz wird das Eiweiß schneller steif.

Die Biskuitmasse immer nur so kurz wie möglich unterrühren und dann sofort backen. Ansonsten entweicht die zuvor mühsam eingearbeitete Luft.

- **Wenn Sie die** Eigelbe im heißen Wasserbad schaumig quirlen: Achten Sie darauf, dass zwischen Schüsselboden und Wasser immer etwas Abstand ist. Sonst kann es passieren, dass die Masse zu heiß wird und das Eigelb gerinnt. In diesem Fall ist nichts mehr zu retten. Ungeübte sollten deshalb genügend Eier für einen zweiten Versuch vorrätig haben.

Weitere Tipps & Tricks

• **Sanftes Stürzen nach** dem Backen: Lösen Sie mit einem scharfen Messer den Kuchen vorsichtig vom Formenrand und entfernen Sie diesen anschließend. Dann legen Sie das Kuchengitter auf und drehen anschließend den Kuchen um, indem Sie mit einer Hand das Kuchengitter fixieren und mit der anderen sanft von unten gegen den Formenboden drücken. Achtung, heiß, Verbrennngsgefahr! Schützen Sie dabei also Ihre Hände mit Küchenhandschuhen oder Kochlappen! Anschließend mit einem langen Messer sanft unter den Formenboden fahren – er löst sich ganz leicht vom Teig.

Niemals Eischnee mit einem Quirl oder Schneebesen unter die Teigmasse rühren. Verwenden Sie dafür immer einen Kochlöffel. Sonst kann zu viel Luft entweichen.

• **Schokobiskuit wird besonders** lecker, wenn Sie ihn, statt Kakaopulver zu verwenden, mit Schokolade zubereiten. Einfach für einen runden hohen Biskuitboden bis zu 140 g Schokolade zerlassen und lauwarm mit der Butter zur Biskuitmischung geben.

Extra saftig

• **Besonders saftig wird** der Biskuit, wenn Sie mehr zerlassene Butter zum Teig geben. Bei einem Biskuit mit 6 Eiern und 150 g Mehl können bis zu 150 g Butter in den Teig eingearbeitet werden.

• **Biskuit für eine** Torte sollte immer schon am Vortag gebacken werden. So wird die Teigstruktur fester, und der Biskuit lässt sich wesentlich besser schneiden und füllen. Zudem weicht er auch nicht mehr so schnell durch.

Brandteig, Strudelteig & Co.

Köstlich-luftiger Brandteig, zarter Strudel- und Blätterteig, saftiger Quark-Öl-Teig – in diesem Kapitel widmen wir uns den vielen verschiedenen übrigen Teigsorten. Doch so unterschiedlich wie die Namen sind auch die möglicherweise auftretenden Probleme. Deshalb verzichten wir in diesem Kapitel auf die Rubrik *Achtung, das kann schiefgehen!* Alle wissenswerten Kniffe rund um die verschiedenen Teigsorten finden Sie aber natürlich doch, nämlich unter *Tipps und Tricks*. In der Kategorie *So gelingt's perfekt!* widmen wir uns der Herstellung des perfekten Apfelstrudels.

So gelingt's perfekt!

Der perfekte Apfelstrudel

1. Die Zutaten mit dem Handrührgerät verkneten und dabei so viel lauwarmes Wasser zugeben, bis ein elastischer Teig entstanden ist.

2. Den Teig mindestens 10 Minuten mit den Händen (Achtung: nicht mit der Küchenmaschine!) auf einer bemehlten Arbeitsfläche kräftig durchkneten und dabei immer mal wieder auf die Arbeitsfläche schlagen.

Hier ist Handarbeit gefragt! Strudelteig sollte mindestens 10 Minuten von Hand durchgeknetet werden.

3. Anfänger backen am besten 2 Strudel, weil die Handhabung mit kleineren Teigmengen deutlich einfacher ist. Den Teig also halbieren, zur Kugel rollen, mit etwas Öl bepinseln und mindestens 45 Minuten unter einer heiß ausgespülten, also warmen Schüssel ruhen lassen. Nur so kann das Mehl optimal binden und der Teig reißt beim Ausziehen nicht.

4. Die Arbeitsfläche großzügig freiräumen, denn der Teig braucht Platz. Ein sauberes, großes, angewärmtes Küchentuch ausbreiten, dünn mit Mehl bestäuben und den Teig darauf ausrollen. Dann mit den Händen (Handrücken nach oben) unter den Teig fahren und vorsichtig rechteckig ausziehen. Dabei immer Stück für Stück vorarbeiten, damit er nicht reißt.

5. Die dickeren Teigränder abschneiden.

Strudelteig kann süß oder herzhaft gefüllt werden, und Ihrer Fantasie sind kaum Grenzen gesetzt

6. Butter zerlassen und den Teig mit Butter einstreichen.

7. Damit die Füllung nicht durchweicht, den Teig mit Semmelbröseln bestreuen oder diese unter die Füllung mischen.

8. Die Füllung auf dem Teig verteilen, dabei die Ränder freilassen.

9. Die Seitenränder der schmaleren Seiten über die Füllung nach innen klappen. Dann den Rand der längeren Seite über die Füllung klappen.

10. Mithilfe des Küchentuches den Strudel aufrollen. Dann mit der Naht nach unten (wichtig!) auf ein mit Backpapier ausgelegtes Blech legen. Erneut großzügig mit Butter einpinseln.

11. Nach Rezept in den vorgeheizten Ofen schieben und während der Backzeit ein weiteres Mal mit zerlassener Butter einpinseln.

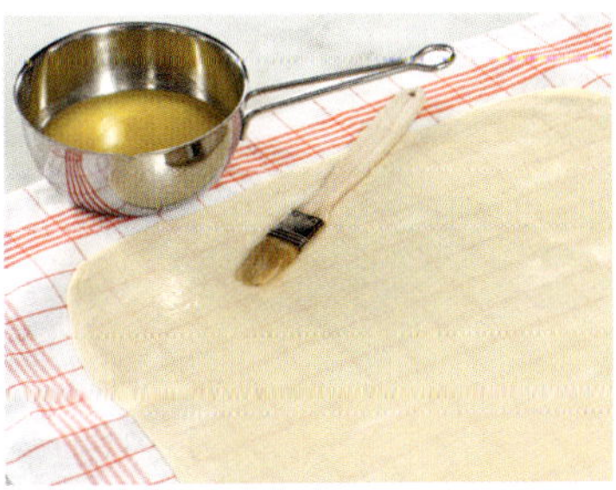

Weitere Tipps & Tricks

Makronenteig

Damit Macarons …

- … gelingen, müssen die Zutaten exakt abgemessen werden. Pi mal Daumen funktioniert hier einfach nicht.
- … nicht rissig werden, müssen die Teigtupfen vor dem Backen unbedingt mindestens 15 Minuten offen ruhen.

- **Statt Mehl kommen** in den Teig gemahlene Nüsse, die zusammen mit viel Zucker mit dem Eiweiß vermengt werden. Wollen Sie zarte, luftige Makronen, dann schlagen Sie das Eiweiß vorher mit Zucker ganz steif. Wollen Sie kernige, knusprige Makronen? Dann verwenden Sie ungeschlagene Eiweiße.

Blätterteig

So geht er schön blättrig auf:

- Nie zu dünn ausrollen, sonst verklebt er.
- Vor dem Backen mit etwas kaltem Wasser einpinseln.
- Vor dem Backen nochmals kühl stellen.
- Falls er mit verquirltem Eigelb bepinselt wird: nie die Ränder bestreichen, sonst verkleben sie.

Brandteig

- **Während der ersten** Hälfte der Backzeit auf keinen Fall die Tür öffnen. Der Teig könnte sonst zusammenfallen.

Soll Brandteig gefüllt werden (z. B. für Windbeutel), dann muss er noch heiß aufgeschnitten werden. Abgekühlt würde er brechen

Brandteig

- **Brandteig kann sein** Volumen während des Backens verdreifachen. Lassen Sie also ausreichend Abstand zwischen einzelnen Teilchen.

- **Kleines Brandteiggebäck muss** zum Füllen nicht aufgeschnitten werden. Geben Sie die Creme einfach in einen Spritzbeutel mit spitzer, langer Lochtülle und füllen Sie die Teilchen (meist Profiteroles) damit.

- **Besprenkeln Sie das** Backblech mit etwas Wasser – so gehen die Gebäckstücke noch besser auf.

Das Mehl nie portionsweise, sondern immer auf einmal in das kochende Wasser schütten.

- **Bevor die Eier** in den Teig kommen: Füllen Sie den heißen Teig in eine kalte Schüssel um und quirlen Sie erst dann die Eier einzeln hinzu – sonst könnten sie gerinnen.

- **Falls Sie Backpulver** verwenden, dann darf dieses erst unter den vollständig abgekühlten Teig gerührt werden, sonst geht er schon vor dem Backen auf und funktioniert später nicht mehr.

Alle Zutaten ganz exakt abmessen. Brandteig funktioniert nicht nach Augenmaß.

Weitere Tipps & Tricks

Plunderteig

Achtung!

• **Die hergestellten Teilchen** (Croissants, Franzbrötchen oder Ähnliches) mit ausreichend Abstand auf dem Blech verteilen, denn beim anschließenden Gehen (weitere 60 Minuten) legen sie noch mal kräftig an Volumen zu.

Glänzend und knusprig wird die Hülle, wenn man sie mit verquirltem Eigelb bepinselt.

• **Damit die Teilchen** während des Gehens nicht trocken und spröde werden: mit einem feuchten Tuch abdecken.

• **Ziemlich aufwendig, aber** richtig lecker: Der Hefeteig, der buttrig und blättrig ausgerollt wird wie ein Blätterteig, ist eine besondere Delikatesse. Verwenden Sie dafür einen festen Hefeteig (ist er zu weich, verbindet er sich mit der Butter und dann entstehen keine Blätter) – bei einer Menge mit 500 g Mehl kommen 250 g Butter (so kalt, dass man sie gerade noch ausrollen kann) hinzu. Allerdings en bloc: hierfür den Hefeteig quadratisch ausrollen, die zu einem Block geformte Butter in die Mitte legen und alle 4 Ecken des Hefeteigs zur Mitte legen, sodass die Butter eingepackt ist. Dann alles rechteckig ausrollen und die Teigplatte immer wieder wie ein Handtuch zusammenlegen. So entstehen am Ende die feinen Blätter.

• **Es lohnt sich** – bei dem relativ großen Aufwand –, gleich mehr Teig zuzubereiten. Frisches, gerade ausgekühltes Gebäck lässt sich sehr gut einfrieren. Vor dem Verzehren einfach langsam auftauen lassen und im Backofen noch mal kurz aufbacken. Schmeckt wie frisch!

- **Plunderteig erhält einen** appetitlichen Glanz, wenn man ihn vor dem Backen mit Sahne bepinselt. Ist die nicht im Haus, dann tut es auch lauwarmes Wasser.

Strudelteig

Damit Strudelteig schön elastisch wird und nicht so schnell reißt:

- Kneten Sie ihn mindestens 10 Minuten kräftig und schlagen Sie ihn dabei immer wieder auf die Arbeitsfläche. Achtung: immer mit den Händen, nie mit der Küchenmaschine arbeiten!
- Den Teig in einer angewärmten Schüssel abgedeckt mindestens 45 Minuten ruhen lassen.
- Auf einem großen, bemehlten Küchentuch den Strudelteig immer nur kurz ausrollen, bis er ca. tellergroß ist. Dann nicht zu sparsam mit zerlassener Butter bepinseln, mit den Handrücken unter den Teig fahren und diesen Stück für Stück auseinanderziehen. Die dickeren Randstücke am Ende entfernen.

Quark-Öl-Teig

Je frischer der verwendete Quark, desto leckerer das Gebäck.

- **Der vielseitige Teig** ist schnell zubereitet – sollte aber auch ganz frisch verzehrt werden, denn dann schmeckt er am besten. Anders als Hefeteig (mit dem er geschmacklich die größte Ähnlichkeit aufweist) ist er am nächsten Tag nur noch halb so lecker.

Den Quark vor der Verwendung immer gut abtropfen lassen.

Eis, Sorbet & Co.

Vorweg ein paar kurze Begriffsklärungen:

Granita: Besonders erfrischend aus Säften mit oder ohne Alkohol. Hier sind grobe Eiskristalle erwünscht. Granita enthält weder Ei noch Milchprodukte. Sie wird halb flüssig gelöffelt und sollte daher nicht lange im Tiefkühlschrank bleiben, weil sie sonst zu hart wird. Als Faustregel gilt: Zubereitungen ohne Alkohol rund 1 Stunde auf Eis legen, Zubereitungen mit Alkohol länger (denn Alkohol gefriert später als Wasser). Granita wird nicht in der Eismaschine zubereitet, weil dadurch die grobe Körnung verhindert wird. Im Tiefkühlfach alle 30 Minuten kurz und kräftig durchrühren.

Sorbet: Entweder in Kugeln serviert, gespritzt oder auch halb gefroren zum Löffeln. Kann Eiweiß in Form von untergerührtem Eischnee enthalten, enthält klassisch aber keine Milchprodukte. Die Körnung sollte allerdings möglichst fein sein. Daher muss Sorbet entweder in der Eismaschine zubereitet werden oder aber alle 30 Minuten im Tiefkühlfach sorgfältig umgerührt werden.

Wassereis: Säfte (meist gesüßt oder mit Sirup vermischt) werden in Stielformen tiefgekühlt. Umrühren entfällt. Besonders hübsch: mehrfarbige Eissorten. Dafür die Form zu ⅓ oder zur Hälfte füllen, gefrieren lassen und dann mit einem zweiten, andersfarbigen Saft auffüllen. Nur so bleiben die Schichten erhalten.

Fruchteis: Es besteht aus püriertem Obst mit geschlagener Sahne und/oder Eischnee. Damit es schön fein und cremig wird: bei der Zubereitung im Tiefkühlfach alle 30 Minuten sorgfältig umrühren. Kleiner Tipp: Viele Früchte schmecken im Eis einfach besser, wenn sie vorher mit etwas Zucker weich gedünstet werden. So können sie feiner püriert werden und entwickeln mehr Aroma.

Parfait: Köstlichkeit für Faule, denn hier entfällt das Rühren komplett (daher kann Parfait auch nicht in der Eismaschine zubereitet werden). Der Clou: Durch schaumige Eigelbmasse, untergehobenen Eischnee und untergehobene Schlagsahne wird die Masse so luftig, dass sie auch ohne Umrühren auf der Zunge zergeht. Kleiner Tipp zum Anrichten: Binden Sie mit Backpapier Manschetten um Dessertgläser, die etwa 2 cm über den Rand stehen. Füllen Sie die aufgestockten Gläser dann komplett (also über den Rand) mit Parfaitmasse und lassen Sie alles tiefkühlen. Vor dem Servieren dann einfach die Manschette entfernen: Voilà – schon haben Sie ein eisiges Soufflé, das nicht nur gut schmeckt, sondern auch ein echter Hingucker ist.

Cremeeis: Dafür wird Eigelb mit Zucker, Sahne und Milch zur Rose aufgeschlagen, dann kalt gerührt, schließlich aromatisiert (ob mit untergehobenen Keksbröseln, Schokolade, Alkohol, Kaffee, Gewürzen oder Früchten – der Fantasie sind keine Grenzen gesetzt). In unserer *So gelingt's perfekt!*-Rubrik erfahren Sie alles über die perfekte Zubereitung.

ACHTUNG

Das kann schiefgehen!

1. Die Eismasse gerinnt

2. Eis und Sorbet schmecken körnig

3. Eis und Sorbet sind zu hart

SOS Pannen Hilfe

1. Die Eismasse gerinnt

Bei klassischen Sahnerezepten wird Eigelb mit Zucker, Sahne oder Milch zur Rose abgezogen. Das bedeutet, dass die Eigelbe zuerst mit Zucker schaumig geschlagen werden und anschließend mit Sahne und/oder Milch im heißen Wasserbad so lange gequirlt werden, bis die Eigelbe anfangen zu binden und die Masse andickt. Der Begriff „zur Rose" kommt daher, dass sich die Masse beim Anpusten auf einem Löffelrücken leicht wellt, was entfernt an Rosenblätter erinnert. Wie immer bei Eiern gilt auch hier: Wird die Masse zu heiß, gerinnt das Ei, in diesem Fall also das Eigelb. Es wird stückig und kann nicht mehr binden. Leider gibt es dann nichts mehr zu retten. Unter den Punkt *So gelingt's perfekt!* erfahren Sie alles Wissenswerte zu diesem Arbeitsschritt.

2. Eis und Sorbet schmecken körnig

Schmeckt das Ergebnis körnig, so wurde die Eismasse während des Gefriervorgangs nicht ausreichend gerührt. Die Folge: Es bilden sich grobe Eiskristalle – und die schmeckt man eben. Die Pannenhilfe? Das Eis oder Sorbet leicht antauen lassen, in Stücke schneiden und mit dem Pürierstab cremig mixen. Besonders hübsch: Füllen Sie die pürierte Eismasse in einen Spritzbeutel mit Sterntülle und spritzen Sie sie dekorativ in Gläser oder Schalen. So fällt gar nicht mehr auf, dass die Kreation nun eigentlich einen Hauch zu weich ist.

3. Eis und Sorbet sind zu hart

Die Gründe hierfür: Das Eis kommt zu frisch aus dem Tiefkühlfach, wurde zu lange gefroren oder enthält zu wenig Zucker. Die Pannenhilfe ist dieselbe wie unter Punkt 2 beschrieben: antauen lassen und cremig mixen. Übrigens: Oft hört man, dass Eis oder Sorbet 10 Minuten vor dem Servieren aus dem Tiefkühlfach genommen werden sollen, um etwas anzutauen. Bei normalen Zimmertemperaturen können Sie diese Zeitangabe aber ruhig verdoppeln, denn dann benötigt Eis rund 20 Minuten, um servierfertig zu sein.

So gelingt's perfekt!

Das perfekte Cremeeis

1. Ganz wichtig für Arbeitsschritt 4: genügend Eiswürfel parat haben.

2. Eigelbe zuerst mit Zucker cremig aufschlagen, dann Milch und/oder Sahne zugeben.

3. Im heißen Wasserbad (Achtung: Der Topf soll nicht im Wasser, sondern im Dampf hängen!) so lange rühren (nicht quirlen), bis die Masse 75–80 °C heiß ist – in diesem Temperaturbereich bindet das Eigelb. Das dauert etwa 6 Minuten. So testen Sie, ob die Masse die richtige Konsistenz hat: Tauchen Sie einen Löffel hinein und pusten Sie nach dem Herausheben sachte auf den Löffelrücken. Entstehen leichte Wellen, ist die Masse perfekt.

4. Den Topf aus dem Wasserbad nehmen und im Eiswasserbad kalt rühren. Dafür ausreichend Eiswürfel mit kaltem Wasser in eine Schüssel füllen. Die Schüssel mit der Eismasse hineingeben, sodass sie gut im Eiswasser steht, und so lange quirlen, bis die Masse kalt ist.

5. Zum Schluss aromatisieren und nach Belieben und Rezept weitere Schlagsahne oder auch Eischnee unterheben.

6. Bei der Zubereitung im Tiefkühlfach: die Masse in ein ausreichend großes Behältnis füllen, sodass genügend Platz ist, um kräftig durchzurühren, ohne dass gleich alles daneben geht. Dann halbstündlich aus dem Tiefkühlfach holen, kräftig und sorgfältig umrühren, damit die Eiskristalle sehr klein bleiben. Nach ca. 4 Stunden ist das Eis durchgefroren.

7. Rund 20 Minuten vor dem Servieren aus dem Tiefkühlfach holen und antauen lassen.

Weitere Tipps & Tricks

- **Am einfachsten löst** man ein Parfait aus der Form, indem man die Form für ein paar Sekunden zu ⅔ in heißes Wasser taucht. Dann lässt es sich leicht stürzen und lösen.

- **Wenn es mal** richtig schnell gehen soll: Tiefkühlfrüchte mit Joghurt, Buttermilch, Milch oder Sahne pürieren und alles mit Zucker oder Honig süßen. Dann in einen Spritzbeutel füllen und die eisige Creme dekorativ in Schälchen spritzen.

- **Besonders gut gelingt** Sorbet mit Zuckersirup. Dieser lässt sich ganz einfach herstellen: Wasser und Zucker im Verhältnis 1:1 unter Rühren aufkochen, bis sich die Zuckerkristalle vollständig aufgelöst haben, dann abkühlen lassen. Übrigens: Eine solche Lösung wird auch „Läuterzucker" genannt.

- **Sparen Sie nicht** zu sehr am Fett: Fett ist ein wichtiger Geschmacksträger. Greifen Sie also bei Joghurt & Co. lieber zu Vollfettprodukten. Besonders cremig und lecker wird Ihr Eis, wenn Sie Schlagsahne unterheben oder Mascarpone unter die Eismasse rühren.

- **Fruchtstückchen in Eis?** Sie sollten diese vorher unbedingt zuckern. So wird verhindert, dass die Eiskristalle in den Fruchtstückchen zu groß werden und diese wässrig schmecken.

Sparen Sie nicht am Zucker. Eis ohne Zucker wird steinhart und schmeckt einfach nicht richtig cremig.

• **Sekt und Champagner** in Sorbets oder Eis? Immer erst direkt vor dem Kühlvorgang unter die Masse rühren und niemals erhitzen. Sonst verflüchtigen sich die Kohlensäurebläschen und die Luftigkeit leidet.

Gelatine in Sorbet?

• **Gelatine hat in** der Tat mehrere Vorteile: Sie erhöht die Geschmeidigkeit und verkürzt die Gefrierzeit. Zur Verwendung die Gelatine wie gewohnt einweichen, dann unter Rühren auflösen und mit der Masse angleichen. D. h.: einen Teil der noch zimmerwarmen Sorbetmasse unter die Gelatine rühren, diese Mischung dann unter die restliche Sorbetmasse rühren.

Eismaschine

• **Wenn Sie mit** einer Eismaschine arbeiten: Achten Sie genau auf die Mengenangaben, die sie bewältigen kann. Es ist immer ratsamer, Eis nacheinander portionsweise herzustellen, als eine zu große Menge auf einmal in die Maschine zu geben.

Eischnee ebenfalls immer nur kurz vor dem Kühlvorgang unter die Eismasse heben. Sonst fällt er in sich zusammen und seine luftige Wirkung ist dahin.

• **Alkohol in Sorbet** oder Eis? Klar, wenn Kinder mitessen, ist das tabu. Ansonsten aber spricht vieles dafür: Geschmacklich lohnt es sich, zudem bleibt das Eis länger geschmeidig und cremig als ohne Alkohol, denn der verlängert die Gefrierzeit.

Marmeladen & Gelees

ACHTUNG

Das kann schiefgehen!

1. Die Marmelade/das Gelee ist zu flüssig
2. Die Marmelade/das Gelee ist zu fest
3. Die Marmelade/das Gelee verliert die Farbe und ist gräulich
4. Das Gelee ist trüb
5. Die Marmelade/das Gelee ist schimmelig

1. Die Marmelade/das Gelee ist zu flüssig

Wird der Brotaufstrich nicht fest, wurde zu wenig Gelierzucker verwendet oder falsch verwendet (zu lange gekocht etc.). Die Pannenhilfe? Gelee oder Marmelade mit weiterem Gelierzucker in einen Topf geben. Ca. 4 Minuten kochen lassen, dann – ganz wichtig – eine Gelierprobe durchführen (wie das geht, erfahren Sie unter *So gelingt's perfekt!*), dann erneut in sterile Gläser füllen.

2. Die Marmelade/das Gelee ist zu fest

In diesem Fall gehen Sie am besten glasweise vor: jeweils das angebrochene Glas unter Rühren erwärmen und Fruchtpüree, Wasser oder Saft unterrühren. Dann in ein sauberes Gefäß füllen und abkühlen lassen. Diese Gläser sind dann nicht mehr so lange haltbar, sollten im Kühlschrank aufbewahrt und zügig verbraucht werden. Die Alternative: alle Gläser öffnen, mit weiteren Früchten unter Rühren aufkochen und die Masse dann kochend heiß in sterile Gläser füllen.

3. Die Marmelade/das Gelee verliert die Farbe und ist gräulich

Geschmacklich hat das meist keinerlei Konsequenzen – doch wir wissen ja alle: Das Auge isst mit. Geben Sie beim nächsten Mal Zitronensaft/Ascorbinsäure in die Marmelade oder das Gelee – so bleibt die Farbe viel länger frisch. Lagern Sie die Gläser zudem lichtgeschützt. Wenn es aber einmal passiert ist: Pürieren Sie frische Früchte und rühren Sie diese unter das jeweils angebrochene Glas oder, noch besser, die jeweils benötigte Portion. So wird die Farbe aufgefrischt, und geschmacklich ist eine Extraportion Frucht auch sehr reizvoll. Der Nachteil: Die Marmelade ist dann nur noch rund 2 Tage im Kühlschrank haltbar.

4. Das Gelee ist trüb

Geschmacklich hat auch eine Eintrübung in der Regel keinerlei Konsequenzen. Und eine Pannenhilfe gibt es auch nicht. Beim nächsten Mal: Lassen Sie das Fruchtpüree in einem mit einem Mulltuch ausgelegten Sieb langsam abtropfen – wringen Sie das Mulltuch dabei nicht aus. Auf diese Weise haben Sie zwar etwas weniger Saft, aber dafür ein glänzendes, klares Gelee.

5. Die Marmelade/das Gelee ist schimmelig

Sie öffnen das Glas und sehen Schimmel? Bei allen Rezepturen mit weniger als 50 Prozent Zuckeranteil hilft nur Entsorgen. Bei Rezepturen mit 50 Prozent und mehr Zucker: Die schimmlige Stelle großzügig entfernen, der Rest kann verzehrt werden – auf eigene Gefahr!

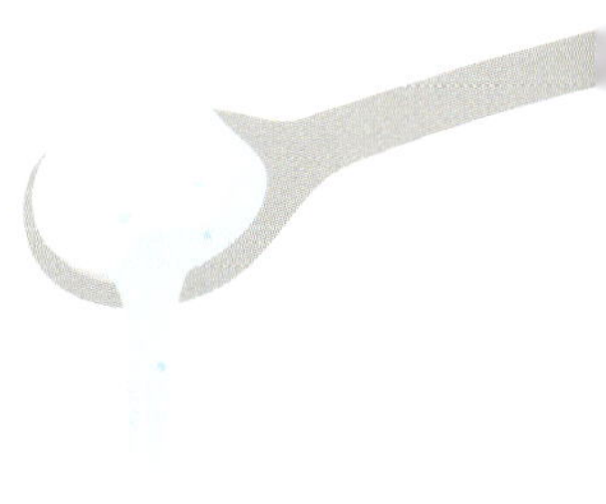

So gelingt's perfekt!

Die perfekte Erdbeerkonfitüre

1. Verwenden Sie nur frische und einwandfreie Früchte – am besten saisonal und in Bio-Qualität.

2. Waschen Sie die Früchte und tupfen Sie sie trocken. Erst danach putzen und klein schneiden bzw. pürieren. Mit etwas Zitronensaft und dem Gelierzucker verrühren.

3. Höchstens 2 kg Früchte oder 2 Liter Saft auf einmal zubereiten. Sonst verlängert sich die Kochzeit zu sehr und die Gelierfähigkeit des Gelierzuckers leidet.

4. Faustregel für die Kochdauer: Marmelade und Gelee sollten rund 3 Minuten sprudelnd kochen – gemessen ab dem Zeitpunkt, wo die Mischung beginnt, stark zu kochen.

5. Gelierprobe durchführen. Dafür 1–2 Teelöffel der kochenden Mischung abnehmen und auf einen kalten Unterteller geben. Geliert die Mischung innerhalb von 1 Minute, kann sie in die sterilen Gläser abgefüllt werden.

6. Falls Spritzer am Glasrand sind: diese sorgfältig entfernen. Die Gläser verschließen und für ca. 5 Minuten auf den Kopf stellen. Dann umdrehen und langsam abkühlen lassen. Dunkel und kühl aufbewahren.

Weitere Tipps & Tricks

Hygiene ist bei der Zubereitung das A und O, damit Sie lange Freude an Ihren selbst gemachten Köstlichkeiten haben. Daher zuerst: Sterilisieren leicht gemacht!

- Kochen Sie in einem großen Topf Wasser auf.
- Geben Sie die blitzsauberen Gläser samt Deckeln und gegebenenfalls Gummiringen in das Wasser und lassen Sie sie dort mindestens 6 Minuten steril werden.
- Anschließend mit einer ebenfalls sauberen Küchenzange oder Ähnlichem herausheben und auf einem sauberen Küchentuch abtropfen und ausdampfen lassen.
- Wichtig zudem: Geben Sie auch die Schöpfkelle und gegebenenfalls den Edelstahltrichter in das kochende Wasserbad. Das gesamte Zubehör sollte so keimfrei wie möglich sein.

- **Früchte mit höherem** Pektingehalt (häufig herbere Sorten wie Johannisbeeren oder Äpfel) benötigen eine kürzere Kochzeit als Früchte mit wenig Pektin (meist süße Sorten wie Erdbeeren oder Pfirsiche). Immer sollte die auf der Gelierzuckerpackung angegebene Mindestkochzeit eingehalten werden. Erst dann eine Gelierprobe durchführen.

Verfeinern

- **Verfeinern Sie mit** Hochprozentigem, Gewürzen, Kräutern oder Nüssen. Allerdings: Wenn Nüsse, Marzipan oder frische Kräuter zugefügt werden, sind die Erzeugnisse nicht wie sonst rund 1 Jahr haltbar, aber immerhin mindestens 3 Monate.

Spritzer an den Glasrändern müssen penibel entfernt werden. Nur so schließen die Gläser wirklich optimal und der Inhalt bleibt lange frisch.

Weitere Tipps & Tricks

- **Nachdem Marmelade & Co.** im Glas ist, sollte dieses immer für rund 5 Minuten auf den Kopf gestellt und dann wieder umgedreht werden. So wird ein Vakuum hergestellt, das für die Haltbarkeit wichtig ist.

Marmelade und Gelee sollten kochend heiß randvoll in die Gläser gefüllt werden. Je weniger Luft in den Gläsern ist, umso länger bleiben sie haltbar.

Haltbarkeit

- **Gelierzucker und Haltbarkeit** – als Faustregel gilt: Je mehr Zucker enthalten ist, desto länger ist die Marmelade oder das Gelee haltbar. Brotaufstriche, die mit Gelierzucker 1:3 zubereitet sind, gehören nach Anbruch in den Kühlschrank.

- **Sie können auch** tiefgefrorene Früchte zu Marmelade verarbeiten. Wiegen Sie dafür die tiefgefrorenen Früchte ab und lassen Sie sie vor der Zubereitung auftauen. Den Saft auffangen und mitverwenden.

Um den Saftgehalt zu erhöhen, lohnt es sich bei mit Zucker gemischten Früchten, diese einige Stunden ziehen zu lassen.

Das Auge isst mit: Die Optik von Kuchen & Torten

ACHTUNG

Das kann schiefgehen!

1. Die Kuchenoberfläche ist verbrannt
2. Die Marzipan- oder Fondantdecke hält nicht
3. Die Marzipan- oder Fondantdecke wirft Falten
4. Der Kuchen sieht langweilig und trocken aus

SOS Pannen Hilfe

1. Die Kuchenoberfläche ist verbrannt

Verbrannte Stellen sehen nicht nur unschön aus, sie schmecken auch bitter und sind schlimmstenfalls gesundheitsschädlich. Daher hilft nur eines: mit einem scharfen Messer die verbrannten Stellen abschneiden. Anschließend den Kuchen gegebenenfalls tränken – denn wenn die Oberfläche verbrannt ist, dann liegt es nahe, dass der Kuchen zu lange im Backofen war und deshalb trocken schmeckt. Zum Tränken mit einem Holzspießchen mehrfach in den noch warmen Kuchen stechen und teelöffelweise Flüssigkeit (z. B. Sirup oder Saft) darüberträufeln. Anschließend vollständig auskühlen lassen und die unschöne Oberfläche kaschieren. Am einfachsten geht das mit aufgestäubtem Puderzucker, doch auch ein dicker Zuckerguss, ein Schokoladenüberzug, ein Marzipanmantel oder eine aufgetragene Creme verdecken nicht nur unschöne Stellen, sondern geben auch eine Extraportion Geschmack.

2. Die Marzipan- oder Fondantdecke hält nicht

Marzipan, aber auch Fondant (weiche Zuckermasse), brauchen „Klebstoff", um am Kuchen zu haften. Am einfachsten gelingt dies mit einer dünnen Schicht Aprikosenkonfitüre (passt fast immer) oder einer anderen Konfitüre, die mit dem jeweiligen Kuchen harmoniert. Dafür die Konfitüre gegebenenfalls glatt pürieren und mit etwas Wasser erhitzen, bis sie zähflüssig und streichfähig ist. Dann rund um den Kuchen dünn auftragen.

3. Die Marzipan- oder Fondantdecke wirft Falten

Die einen können damit leben, die anderen mögen es lieber ganz exakt. Gehören Sie zu Letzteren, sollten Sie die Hände von Kuchen- und Tortendecken lassen, die es bereits fertig im Handel gibt. Bei Decken liegt es in der Natur der Sache, dass sie am Rand Falten werfen. Die Alternative: Rollen Sie Marzipan oder Fondant möglichst dünn aus, dann schneiden Sie mithilfe der Springform die Oberseite aus und mithilfe des Springformrandes anschließend das lange, rechteckige Randstück. Bringen Sie nacheinander beides an den Kuchen an. Verdecken Sie die Naht durch eine dünne Marzipan- oder Fondantkordel, die Sie aus den Resten rollen.

4. Der Kuchen sieht langweilig und trocken aus

Sie wissen: Der Kuchen schmeckt fantastisch – nur leider sieht er einfach nicht danach aus. Nicht verzweifeln: Mit wenigen Tricks und Kniffen machen Sie aus jedem Kuchen einen Hingucker, der gerne angeschnitten wird. Entweder orientieren Sie sich an den in Punkt 1 genannten Punkten oder Sie lesen weiter unter *Tipps & Tricks*, wo Sie noch mehr Anregungen erhalten.

So gelingt's perfekt!

Die perfekte Baiserdecke

1. Schmeckt perfekt über Obstbelag und zaubert sofort Eleganz und Klasse auf den Kuchen: die Baiserhaube.

2. Für einen Kuchen in Standardgröße (also 24–26 cm Ø) 3 Eiweiß mit 1 Prise Salz anschlagen. 100 g Zucker dazugeben und alles so lange weiterschlagen, bis die Masse ganz steif ist.

3. Auf den fertig gebackenen Kuchen häufen und mit einem Esslöffel dekorativ Täler hineindrücken und Spitzen hochziehen.

4. Im heißen Ofen 10 Minuten backen, bis die Spitzen Farbe angenommen haben.

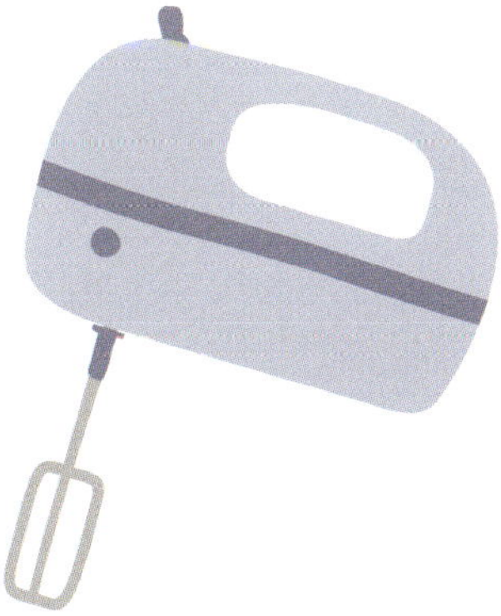

Weitere Tipps & Tricks

Marzipanrohmasse …

- … nur mit gesiebtem Puderzucker verkneten, sonst bilden sich Klümpchen.
- … als Decke für einen Kuchen in Standardgröße (24–26 cm Ø): Sie benötigen 200 g Rohmarzipan und 80 g Puderzucker.
- … sollte immer nur so kurz wie möglich geknetet werden. Sonst wird sie brüchig.
- … kann durch untergekneteten Puderzucker angedickt werden, wenn sie durch das Einarbeiten von Lebensmittelfarbe zu klebrig geworden ist.
- … immer nur auf Puderzucker, nie auf Mehl ausrollen.
- … nie zu dünn ausrollen, sonst bricht sie zu schnell.
- … trocknet schnell aus. Reste daher immer luftdicht verpacken.

Damit Glasuren beim Anschneiden nicht brechen, sollte das Tortenmesser vor jedem Schnitt in heißes Wasser getaucht werden.

Zuckerguss …

- … wird schön glatt, wenn der verwendete Puderzucker vorher gesiebt wird. So können sich keine unschönen Klümpchen bilden, die man aus dem Guss später kaum mehr entfernt bekommt.
- … wird besonders weiß, wenn er mit heißer Milch anrührt wird.
- … wird milchig, wenn er auf den vollständig erkalteten Kuchen kommt, und durchsichtig-brillant, wenn man ihn auf warmen Oberflächen anbringt.
- … wird besonders deckend, wenn er in zwei Schichten auf den Kuchen kommt (die erste Schicht vorher trocknen lassen).
- … wird besonders schmackhaft, wenn er mit Saft oder Wein angerührt wird.
- … wird besonders fest und deckend, wenn er mit Eiweiß zubereitet wird. Dafür Eiweiß mit 1 Prise Salz anschlagen und dann mit dem gesiebten Puderzucker verrühren.
- … wird elastischer, wenn 1 Esslöffel Flüssigkeit durch zerlassene Butter ersetzt wird.
- … benötigt nur sehr wenig Flüssigkeit. Diese am besten nur teelöffelweise unterrühren, bis die Mischung streichfähig ist. Schnell erwischt man nämlich zu viel und die Mischung wird zu dünnflüssig.
- … wird schnell bunt, wenn er mit Sirup oder stark färbenden Säften angerührt wird.
- … trocknet schnell. Wenn Sie also Zuckerguss über eine längere Zeitspanne benötigen (zum Beispiel beim Verzieren von Plätzchen): besser immer wieder kleinere Mengen neu anrühren.

Creme-Oberflächen …

- … werden am einfachsten durch einen Teelöffel in Form gebracht: dafür einfach mit der gewölbten Seite nach unten kleine Dellen in die Creme drücken und kleine Spitzen hochziehen. In die Vertiefungen kann dann zum Beispiel ein bunter Likör geträufelt werden. Sieht super aus und ist kinderleicht!
- … werden besonders apart (und sind dabei ebenfalls kinderleicht herzustellen), wenn zuerst der Rand dünn mit Creme verkleidet wird. Die restliche Creme dann in einen Spritzbeutel füllen und die Oberfläche mit vielen dicht an dicht gesetzten Tupfen bedecken.
- … können durch Kringel kinderleicht und dabei sehr ansprechend dekoriert werden. Dafür den Rand dünn verkleiden und die restliche Creme in einen Spritzbeutel füllen. Nun von außen nach innen Kreise auf die Oberfläche spritzen und dazwischen immer etwas Abstand lassen. Den Zwischenraum zum Beispiel mit Likör, Krokantstreuseln oder Fruchtpüree füllen – je nachdem, was am besten zur Torte passt.

Schokoladenüberzug …

- … wird schön glänzend, wenn Sie die Schokolade vorher temperieren. Lesen Sie hierzu alles Wissenswerte im Kapitel *Alles über Schokolade*.
- … sollte nach Möglichkeit nicht in den Kühlschrank, denn dort leidet die Optik.

Deko-Elemente aus Marzipan können bis zu 3 Tage im Voraus hergestellt werden.

Eine Marzipandecke …

- … hält Kuchen und Torten länger frisch. Am besten hält sie auf einer dünnen Schicht Konfitüre.
- … wird am besten zwischen zwei Lagen Frischhaltefolie ausgerollt. Dann die Folie vorsichtig entfernen, die Marzipandecke über die Teigrolle hängen und vorsichtig auf dem Kuchen platzieren.

Küchen-praxis

Garmethoden

Der Erfolg Ihrer Kochkünste hängt nicht zuletzt auch von der Wahl der Garmethode und der richtigen Anwendung ab. Daher hier eine Übersicht über die wichtigsten Garmethoden.

Was heißt „garen"?

Was „garen" eigentlich bedeutet, ist gar nicht so einfach zu sagen. Wenn wir die Küche betreten, sprechen wir normalerweise davon, dass wir kochen. Oft kochen wir dann tatsächlich etwas, aber wir machen noch viele andere Dinge, die technisch gesehen kein Kochvorgang sind. Immer aber garen wir, es sei denn, wir bereiten eine Rohkostmahlzeit zu. Was heißt also „garen"?

Die beiden geläufigsten Methoden sind das feuchte und das trockene Garen. Beim feuchten Verfahren wird unmittelbar in Wasser oder anderen Flüssigkeiten, wie Brühe oder Wein, gegart – oder in heißem Dampf. Bei trockenen Verfahren wird dagegen in heißer Luft – im Backofen, aber auch auf dem Grill – oder mit heißem Fett gearbeitet. Dämpfen, Dünsten und Pochieren sind also feuchte, Frittieren, Grillen und Kurzbraten trockene Gartechniken. Das Schmoren kombiniert beide Varianten, und auch beim asiatischen Pfannenrühren wird zunächst gebraten, am Ende aber möglicherweise Flüssigkeit, wie Sojasauce und Reisessig, zum Aromatisieren zugegeben.

Backen und Braten sind die typischen trockenen Garmethoden, das Kochen in Wasser die klassischste und reinste Form des Feuchtgarens. Außerdem ist das Kaltgaren durch Säure zu erwähnen: Beim Beizen von Fisch mit sauren Marinaden wird die Eiweißstruktur durch Hydrolyse (dt. Auflösung) zart gemacht. Andere Beizen, beispielsweise beim Sauerbraten, dienen dagegen lediglich der Vorbereitung des eigentlichen Garvorgangs.

Genießbar werden Lebensmittel nicht nur durch Garmethoden, sondern auch durch Techniken, die man gemeinhin als Konservierungsmethoden bezeichnet: durch das Trocknen oder Dörren, z. B. bei luftgetrocknetem Schinken wie dem Parma- oder dem Serranoschinken, aber auch bei Bündnerfleisch. Der bekannte Stockfisch wird zumeist erst gewässert und dann weiterverarbeitet, kann aber auch in getrocknetem Zustand genossen werden. Salz spielt bei der Trocknung immer eine große Rolle, insbesondere Pökelsalz wird zur sogenannten Salzgarung verwendet. Durch den Wasserentzug beim Pökeln bzw. Umröten wird die Zellstruktur verändert und das Fleisch genießbar. Hier ist auch das Räuchern angesiedelt, wobei man zwischen Heißräuchern (bei 50–85 °C), Warmräuchern (bei 25–50 °C) und Kalträuchern (bei 15–25 °C) unterscheidet.

Ob mit heißer Flüssigkeit, heißem Fett, heißer Luft oder durch Säure: Garen meint immer, dass ein rohes Lebensmittel durch Zellveränderung genießbar bzw. genussfertig gemacht wird. Dabei ist die Grenze zu den Konservierungsmethoden Räuchern, Trocknen und Pökeln fließend, schließlich werden auch dadurch Lebensmittel genussfertig.

Blanchieren

Das Gargut wird einige Minuten in kochendem Wasser angekocht, aber nicht fertig gegart. Nach kurzem Aufwallen wird es herausgenommen und sofort kalt abgeschreckt.

Dämpfen

Schonendes Garen im aufsteigenden Wasserdampf bei 80–100 °C, Nährstoffe und Aromen bleiben hierbei weitgehend erhalten.

Dünsten

Garen in wenig Flüssigkeit, wie Fond, Wasser oder Wein, bei geschlossenem Deckel und Temperaturen knapp unter dem Siedepunkt.

Frittieren

Fettbacken in siedendem Fett bei 140–180 °C. In der Fritteuse oder einem Topf unter Verwendung von hoch erhitzbarem Fett.

Grillen

Garen mit Holzkohle über offenem Feuer oder auf dem Elektrogrill. Fleisch, aber auch Fisch und Gemüse, erhalten so Röstaromen.

Kurzbraten

Auch Sautieren. In der Pfanne mit Fett garen, v. a. Fleisch. Die Hitze muss so hoch sein, dass das Gargut kein Wasser zieht.

Niedrigtemperaturgaren im Ofen

Sehr gute Garmethode für rosa gebratenes Fleisch wie Rehrücken oder Roastbeef. Das Fleischstück wird zunächst in heißem Öl von allen Seiten scharf angebraten (wenden, sobald es sich von alleine löst) und dann im Ofen bei ca. 70–90 °C in mehreren Stunden fertig gegart. Die Kerntemperatur sollte zwischen 60 und 68 °C liegen (hier hilft ein Bratthermometer).

Pfannenrühren

Asiatische Garmethode. Im Wok oder einer tiefen Pfanne wird bei großer Hitze so lange gerührt, bis alles gar, aber noch knackig ist.

Pochieren

Langsames Garziehen unterhalb des Siedepunktes bei 75–98 °C in viel Flüssigkeit. Besonders geeignet für empfindliches Gargut.

Schmoren

Angebratenes Gargut (z. B. Fleisch) wird mit wenig Flüssigkeit bei niedriger Temperatur meist zugedeckt gegart. Ähnlich wie „Dünsten", hier wird das Gargut jedoch vorher angebraten.

Fachbegriffe & Techniken

Beim Wälzen von Kochbüchern werden Ihnen sicherlich schon einmal Begriffe wie „À point", „Ablöschen" oder „Passieren" über den Weg gelaufen sein. Damit Sie wissen, was sich dahinter verbirgt, haben wir hier die wichtigsten Fachbegriffe und Arbeitstechniken für Sie zusammengestellt.

Fachbegriffe

Die Küchensprache ist seit dem 19. Jahrhundert, als westlich des Rheins die Haute Cuisine (die „hohe Küche") erfunden wurde, französisch. Alle klassischen Zubereitungsarten – von à l'amiral bis à la viennoise – hören auf französische Bezeichnungen. Bei den Techniken, Garmethoden und Fachbegriffen ist es nicht anders.

Der Aufstieg der französischen Küche zu Weltruhm verdankt sich in gewissem Maße der Französischen Revolution. Durch die Revolution wurden nämlich zahlreiche Köche, die vorher in Diensten des Ancien Régime gestanden hatten, arbeitslos und eröffneten bald eigene Restaurants. Die große Konkurrenz führte zu einem Wetteifern sondergleichen und zu immer neuen Spitzenleistungen. Von Marie-Antoine Carême über Auguste Escoffier bis zu Paul Bocuse hat Frankreich seither die berühmtesten Köche der Welt hervorgebracht.

Da die moderne Kochkunst ihre Wurzeln in Frankreich hat, ist Französisch weltweit auch die Küchensprache Nummer eins. Einige französische Begriffe sind allerdings aus der hohen Küche in die allgemeine Küchenpraxis hinübergeschwappt und in Kochbüchern gang und gäbe. Einige der wichtigsten Begriffe mit sinngemäßen Übersetzungen und kurzen Erklärungen sind im Folgenden aufgelistet:

À la minute – auf die Minute genau: Die hohe Kunst, in der gehobenen Küche die Arbeitsprozesse so zu koordinieren, dass verschiedene Gerichte und ihre Komponenten gleichzeitig fertig werden.

À point – auf den Punkt: Die beliebteste und wichtigste Garstufe bei Fleisch, auch medium. Es ist außen braun, innen gänzlich rosa und zart.

Bouillon: Klare Brühe aus Knochen und Fleisch

Bouquet garni – Kräutersträußchen: Man bindet verschiedenste Kräuter zu einem Bündel oder steckt sie in ein Säckchen, um Suppen, Saucen etc. zu aromatisieren und um die Kräuter später einfach entfernen zu können.

Brunoise – kleine Gemüsewürfel: Fachbegriff für eine Schneideart, bei der beliebige Gemüse in sehr kleine (ca. 2 mm) große Würfel geschnitten werden.

Consommé: Mit fein gehacktem Fleisch und Eiweiß geklärte fettfreie Bouillon.

Croûtons: Geröstete Weißbrotwürfel

Demiglace: Braune Grundsauce, die so stark eingekocht wird, dass sie „halb erstarrt" (frz. Demi glacé).

Farce: Sehr fein gehackte Masse (Füllung) aus Fleisch, Fischfilet oder Geflügelbrust und Sahne

Glace de viande – Fleischextrakt: Hochkonzentrierter, dunkelbrauner, zähflüssiger Extrakt aus Rindfleisch, der für Saucen und Suppen verwendet wird.

Julienne – Gemüsestreifen: Fachbegriff für eine Schneideart, bei der vor allem Wurzelgemüse in längliche und dünne Streifen geschnitten werden.

Jus – Saft: Konzentrierter, evtl. leicht gebundener Bratensaft

Mirepoix – Röstgemüse: In kleine Würfel (ca. 2 cm) geschnittenes Wurzelgemüse mit Zwiebeln, Schinkenspeck und Kräutern. Bildet die Grundlage zahlreicher Fleischgerichte und Saucen und ist nach dem Herzog von Mirepoix (1699–1757) benannt.

Papillote: Begriff für die immer beliebtere Methode, Fisch, Gemüse etc. in Backpapier einzupacken und im Ofen schonend zu garen.

Roux – Mehlschwitze: Methode zur Bindung von Saucen, bei der Mehl in Butter angeschwitzt und dann abgelöscht wird.

Soufflé: Im Ofen gegartes, luftiges Gericht mit Eischnee

Supréme – „das Höchste“: Bezeichnung für das Beste von Geflügel oder Fisch, Geflügelbrüstchen oder Fischrückenfilet, ähnlich dem Filet bei Fleisch.

Kleines Einmaleins der Sauce

Man sagt, mit der Sauce stehe und falle ein Gericht. Nachstehend einige Grundbegriffe:

Fond kochen: Man setzt einen Fond an, indem man Zwiebeln, Wurzel- bzw. Röstgemüse, ggf. Fleisch und Knochen (oder Fisch mit Abschnitten) in einem Topf mit Wasser und Gewürzen lange ziehen, aber nicht kochen lässt. Ab und zu den entstehenden Schaum abschöpfen.

Reduzieren: Das starke Einkochen von Saucen, Fonds etc., um den Geschmack zu intensivieren.

Klären: das Entfernen aller festen Bestandteile aus einer Sauce oder Brühe, um sie glatt bzw. klar zu machen.

Binden: das Andicken von Saucen, entweder durch Bindemittel oder durch Emulsion von Fett und Wasser, das sogenannte Legieren. Häufig werden Mehl (Mehlschwitze, Mehlbutter) oder Stärke verwendet, außerdem Butter, Sahne, Eigelb etc.

Montieren: das Aufschlagen von Saucen mithilfe des Schneebesens. Oft wird dabei Butter untergeschlagen. Das Montieren muss direkt vor dem Servieren geschehen.

Arbeitstechniken

Ein *Brathähnchen dressieren*, den Teig *Blindbacken* oder die *Creme zur Rose abziehen*: In Kochbüchern begegnet uns mitunter seltsam anmutendes Vokabular, was sich häufig auch nicht zwingend aus dem Kontext erklärt. Damit Sie zukünftig wissen, was gemeint ist, haben wir hier einmal die wichtigsten Arbeitstechniken rund ums Kochen und Backen zusammengetragen.

Ablöschen

Auch Deglasieren. Scharf angebratenes Fleisch, aber auch Gemüse mit Flüssigkeit ablöschen, um den Bratensatz zu lösen und mit ihm eine Sauce zu ziehen.

Abschrecken

Auch Refraichieren. Garprozess von Gemüse durch Übergießen mit kaltem Wasser oder Eintauchen in Eiswasser abrupt unterbrechen, um die Farbe zu erhalten und den Garprozess zu stoppen.

Abseihen

Abgießen der Kochflüssigkeit mithilfe eines Seihtuchs, Durchschlags oder Siebs, um die festen Bestandteile von den flüssigen zu trennen.

Ausnehmen

Entfernen der Eingeweide eines geschlachteten Tieres. Während man bei gezüchteten Tieren und Fischen von Ausnehmen spricht, wird Wild ausgeweidet.

Bardieren

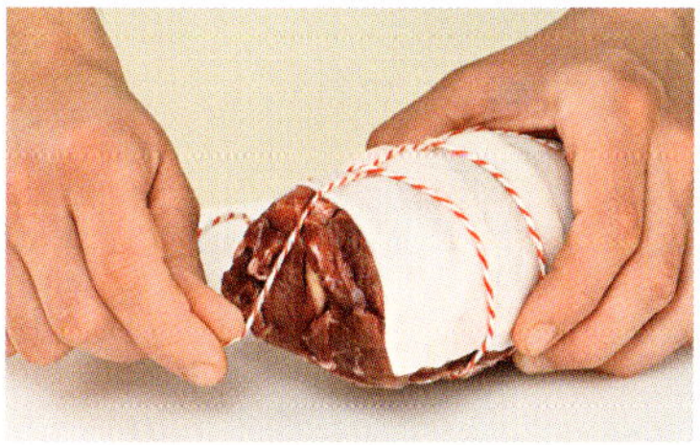

Umwickeln von Geflügel, aber auch magerem Fleisch, mit einem Mantel aus Speck, damit es beim Garen nicht austrocknet, sondern schön saftig bleibt.

Blindbacken

Vorbacken eines Teigs (Mürbe- oder Blätterteig), mit einer Gabel eingestochen oder mit Hülsenfrüchten beschwert, damit er nicht so stark aufgeht.

Dressieren

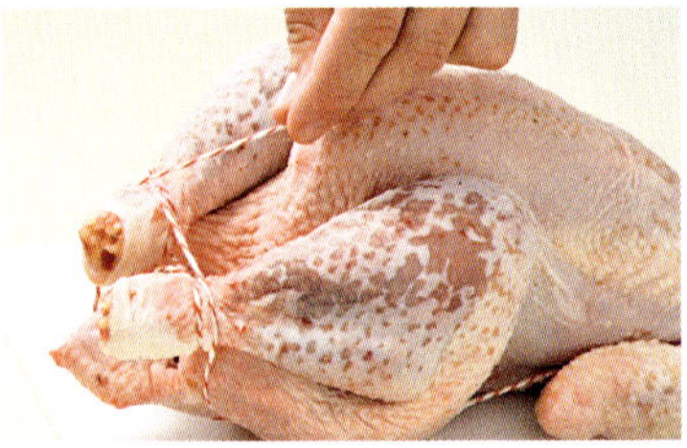

Gefälliges In-Form-Bringen oder Anrichten vor oder nach dem Garvorgang, z. B. Fleisch binden oder Püree mit Spritztülle in dekorative Form bringen.

Flambieren

Spektakuläres Anzünden von Speisen, die mit hochprozentigem Branntwein versetzt wurden, um zusätzliche Röst- oder Karamellaromen zu erzeugen.

Glasieren

Geschmacklich aufwertendes Überziehen von Backwerk, Gemüse, Fleisch und Früchten zum dekorativen Schutz vor der Austrocknung.

Gratinieren

Erzeugen einer gebräunten, aromatischen und knusprigen Oberfläche im Backofen bei starker Oberhitze. Am bekanntesten ist das Kartoffelgratin.

Kandieren

Auch Konfieren. Früchte, aber auch Rosenblätter, Veilchen oder Ingwer und Ähnliches, in konzentrierte Zuckerlösung tauchen und dann trocknen.

Karamellisieren

Zucker ohne Fett erhitzen, verflüssigen und wie gewünscht bräunen, um Röst- bzw. Karamellaromen freizusetzen. Nicht nur für Süßspeisen.

Marinieren

Einlegen von Fleisch, Fisch, aber auch Gemüse, in würzige, oft auch saure Flüssigkeit, um die Lebensmittel geschmacklich aufzuwerten und zarter zu machen.

Mehlieren

Einstäuben von Lebensmitteln, meistens Fleisch, mit Mehl bzw. das Wälzen in ihm, um sie zu panieren oder um beim Braten eine schöne Kruste zu erhalten.

Panieren

Der Klassiker: das Wiener Schnitzel. Es wird zuerst mehliert, dann in geschlagenem Ei gewendet und bekommt schließlich seine Panade aus Semmelbröseln.

Passieren

Um ausgelaugtes Gemüse, Körner oder Klümpchen zu entfernen, passiert man Saucen, Suppen und Ähnliches durch ein Sieb, Passiertuch oder einen Durchschlag.

Pürieren

Zermusen von zumeist gekochten Lebensmitteln mithilfe eines Pürierstabs, aber auch mit Sieben, Stampfern etc. Der große Klassiker sind Suppen.

Rösten

Bei großer Hitze und in direktem Kontakt mit der Hitzequelle – ohne Flüssigkeit und Fett – Aromen und Bitterstoffe freisetzen, z. B. Nüsse, Kaffeebohnen.

Spicken

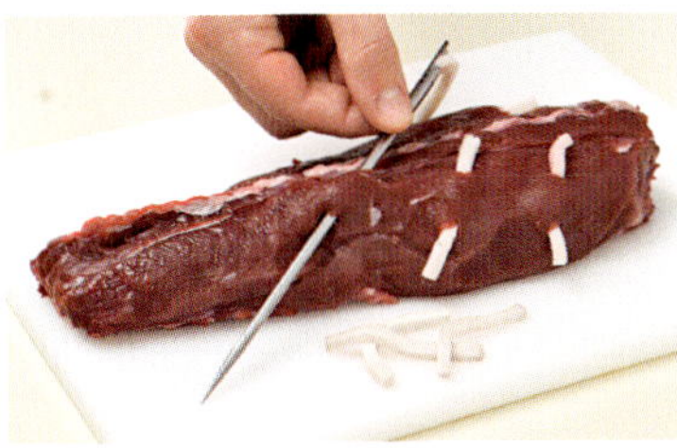

Auch Bigarrieren/Lardieren, siehe auch Bardieren. Durchstechen von magerem Fleisch, oft Wild, mit Speckstiften, aber auch mit Trüffeln, Knoblauch etc.

Tranchieren

Zerlegen und Portionieren insbesondere von Fleisch, Geflügel, Wild oder Fisch mit Tranchiermesser und -gabel oder anderem Spezialbesteck.

Verquirlen

Flüssigkeiten, sehr häufig Eier, auch zusammen mit festen Bestandteilen, z. B. Zucker, mit dem Schneebesen oder Handrührgerät aufmixen bzw. schlagen.

Wasserbad

Ein mit ca. 90 °C heißem Wasser gefülltes Gefäß, in dem sich ein weiteres befindet. Zum schonenden Garen von Massen, Schmelzen von Kuvertüre, Aufschlagen von Cremes.

Zur Rose abziehen

Andicken einer (Eigelb-)Masse, bis sie sich auf dem Kochlöffel beim Daraufpusten in Form von Rosenblättern wellt. Hauptsächlich bei Cremes gebräuchlich.

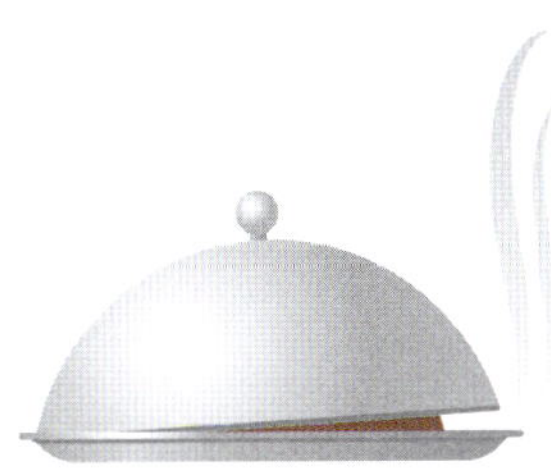

SOS-PANNENHILFE

Kochen

Salate & Dressings

Gemüse

Kräuter & Gewürze

Fette & Öle

Kartoffeln & Kartoffelprodukte

Teigwaren & Pasta

Reis & Couscous

Hülsenfrüchte

Suppen & Eintöpfe

Saucen & Fonds

Eier, Milch & Milchprodukte

Fische & Meeresfrüchte

Geflügel

Fleisch

Backen & Süßspeisen

Obst

Zucker

SO GELINGT'S PERFEKT

Kochen

Bildnachweis

Fotolia.com:
S. 2, 64, 116, 122 (Schneebesen, © kusuriuri), S. 2, 12, 78 (Brettchen, © LenLis), S. 3, 107, 136, 150, 181, 205 (Handmixer, © kusuriuri), S. 1, 4, 7, 63, 145, 155, 164, 166, 182 (Backhandschuh, © LenLis), S. 4, 201, 209 (Topf, © Oleh Tokarev), S. 5, 11, 12, 13, 20, 26, 30, 33, 35, 36, 37, 38, 39, 42, 43, 46, 49, 50, 53, 57, 61, 62, 71, 75, 82, 87, 88, 89, 94, 97, 99, 101, 102, 104, 112, 117, 122, 123, 124, 125, 129, 130, 136, 137, 142, 143, 144, 145, 153, 154, 155, 160, 163, 167, 168, 175, 180, 181, 182, 185, 186, 187, 195, 200, 205 (Topf, © raven), S. 6 (© thomasklee), S. 1, 7, 47, 48, 161 (Durchschlag, © LenLis), S. 10, 58, 66, 68 (Schneebesen, © LenLis), S. 10, 14, 21, 22, 23, 27, 30, 31, 34, 40, 44, 47, 51, 54, 58, 60, 63, 68, 72, 76, 77, 78, 79, 83, 90, 91, 98, 102, 105, 113, 114, 118, 126, , 133, 138, 139, 141, 146, 147, 148, 149, 152, 156, 157, 161, 164, 169, 170, 171, 172, 174, 176, 183, 184, 188, 189, 190, 191, 196, 197, 201, 202, 206, 207 (Klebestreifen, © hellena13), S. 17, 21, 57 (Möhre, © LenLis), S. 17, 57 (Brokkoli, © LenLis), S. 20 (Paprika, © LenLis), S. 22, 68 (Radieschen, © LenLis), S. 23 (Tomate, © LenLis), S. 23 (Aubergine, © LenLis), S. 24, 26, 95, 100 (Kräuter, © LenLis), S. 26, 51, 80 (Lorbeerblatt, © LenLis), S. 29, 31 (Peperoni, © LenLis), S. 32 (Karaffe, © LenLis), S. 36, 41 (Kartoffel, © LenLis), S. 45 (Spaghetti, © LenLis), S. 51, 95, 96, 101 (Zwiebel, © LenLis), S. 52, 54 (Zuckerschote, © LenLis), S. 55 (Topf, © LenLis), S. 59 (Schinken, © Olga Naidenova), S. 59 (Mütze und Kelle, © Oleh Tokarev), S. 69, 98 (Milchpackung und Glas, © kusuriuri), S. 72 (Eier im Glas, © weseetheworld), S. 73 (Hummer und Fisch, © nikiteev), S. 80 (Hühnchen, © macrovector), S. 84 (Steaks, © macrovector), S. 85, 91 (Pfanne, © kusuriuri), S. 90 (Pfannenwender, © LenLis), S. 91 (Koteletts, © Olga Naidenova), S. 92 (Braten, © Olga Naidenova), S. 93 (Braten, © M.studio), S. 94 (Braten, © Olga Naidenova), S. 95 (Gulasch, © Oleh Tokarev), S. 101 (Ei, © kusuriuri), S. 103, 148, 153, 188 (Eier, © kusuriuri), S. 105 (Kochmütze, © kusuriuri), S. 105 (Zitrone, © Marina Gorskaya), S. 107, 146, 168, 172 (Nudelholz, © sassyphotos), S. 108, 113, 200 (Erdbeere, © Marina Gorskaya), S. 108, 114 (Ananas, © Marina Gorskaya), S. 113 (Kiwischeibe, © Marina Gorskaya), S. 115, 196 (Würfelzucker, © logistock), S. 115 (Zucker, © kusuriuri), S. 118, 183 (Salzstreuer, © kusuriuri), S. 120 (Schokolade, © sassyphotos), S. 127 (Himbeertörtchen, © moonkin), S. 134 (Kiwitörtchen, © moonkin), S. 134 (Kaffeecreme, © moonkin), S. 136 (Buttercremetorte, © moonkin), S. 137, 184 (Butter, © kusuriuri), S. 140 (Panettone, © moonkin), S. 146 (Rosinenbrot, © moonkin), S. 148, 151, 162, 171 (Teigschaber, © kusuriuri), S. 148 (Croissant, © moonkin), S. 154 (Mehl. © kusuriuri), S. 156 (Kranzkuchen, © moonkin), S. 157, 169 (Löffel, © kusuriuri), S. 158 (Cake Pops, © mari_p), S. 159 (Cake Pops, © Ruth Black), S. 165 (Apfeltörtchen, © moonkin), S. 170 (Tartelette, © moonkin), S, 172 (Plätzchenausstecher & Teig, © Gina Sanders), S. 173 (Käsekuchen, © dorayaki), S. 175, 189 (Schneebesen, © sassyphotos), S. 177 (Biskuitrolle, © dorayaki), S. 187 (Biskuit-Kuchen, © dorayaki), S. 183, 191 (Schüssel, © kusuriuri), S. 1, 184, 198, 209, 224 (Kochlöffel, © sassyphotos), S. 185, 201 (Apfel, © Marina Gorskaya), S. 186 (Backpinsel, © sassyphotos), S. 190 (Backpinsel, © sassyphotos), S. 191 (Kirschen, © Marina Gorskaya), S. 192 (Eisbecher mit Erdbeere, © Ekler), S. 193 (Eistüten, © Ekler), S. 195 (Eisbecher und Eistüte, © Ekler), s. 196 (Eistüte, © Ekler), S. 197 (Eisbecker, © Ekler), S. 198, 202 (Marmeladenglas, © Elfivetrov), S. 199 (Zuckerlöffel, © logistock), S. 201 (Aprikose, © Marina Gorskaya), S. 202 (Backhandschuh, © sassyphotos), S. 203 (Torte, © Anna Tyukhmen), S. 206 (Tortenheber, © sassyphotos), S. 207 (Sahnetorte, © moonkin), S. 208 (© Africa Studio), S. 217 (Servierplatte, © Oleh Tokarev)

S. 8 (Salatkopf), S. 56 (Salzstreuer): Hendrik Kranenberg

S. 123 (Schokoröllchen), S. 126 (Schokopraline): Food Fotografie Michael Brauner, Karlsruhe

S. 163 (Kuchen im Glas): Studio Klaus Arras

Alle übrigen Illustrationen: Verlagsarchiv

Alle übrigen Fotos: TLC Fotostudio